JN238914

Fabulous Shared Apartments of New York City

ニューヨーク・シェアハウスの大人の部屋

ルームメイトと快適に過ごすニューヨーカーの
自由で暮らし上手なインテリア術

吉藤美智子・著
堀 応樹・撮影

世界の中心、メガシティ、ニューヨーク。何百もの言語が飛び交い、多様な人種、民族、文化が交差する人種のるつぼ。世界中から集まった夢と野心を抱く人々を寛大に受け入れて、常に新しい感動と興奮を与えるエネルギッシュな街として、今も昔も多くの人々を魅了し続けています。しかし、ここ数年で家賃が上がり続け、経済的に住みづらくなってきているのも事実。そこで近年注目されているのが、リビングやキッチンを共有しながら、一人一人が自分の個室をキープする「シェアハウス」という住居形態です。

NYでシェアハウスを選ぶ一番の理由は家賃の節約ですが、色々な国の人たちと一つ屋根の下で生活を共にできるのも大きなメリット。日常の暮らしの中で多様な価値観や生活習慣にふれながら、真の"NYライフ"を体感できるチャンスです。マンハッタンのアパートビルでキャリア派と、あるいはブルックリンのロフトでアーティストと住むのも良いでしょう。約1ヶ月の単位で色々な住まいや住まう人を愉しみ、結果、自身の人生を豊かにできるのもシェアハウスの醍醐味です。

本書では、住人たちのアイデアを融合して生み出された数々の素敵なシェアハウスをご紹介します。人とは違う、型にはまらない「個性」を何よりも大切にするニューヨーカーのインテリアは十人十色。骨董品が並ぶボヘミアン、グリーンが溢れるナチュラル派、スタイリッシュな都会風……。「心地良い」という

住む人たちの笑顔が見えてくる
個性あふれる、快適シェアライフ

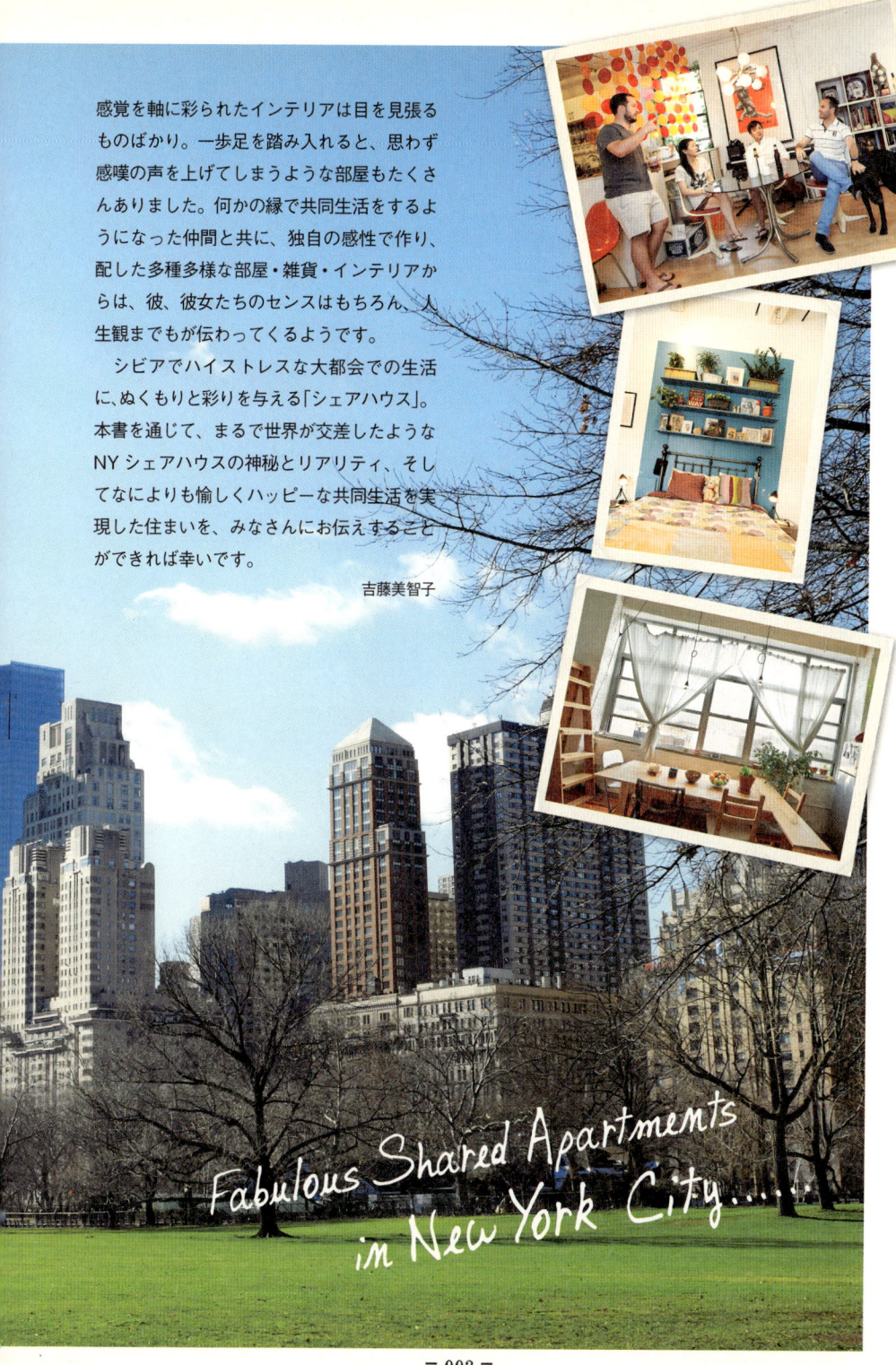

感覚を軸に彩られたインテリアは目を見張るものばかり。一歩足を踏み入れると、思わず感嘆の声を上げてしまうような部屋もたくさんありました。何かの縁で共同生活をするようになった仲間と共に、独自の感性で作り、配した多種多様な部屋・雑貨・インテリアからは、彼、彼女たちのセンスはもちろん、人生観までもが伝わってくるようです。

シビアでハイストレスな大都会での生活に、ぬくもりと彩りを与える「シェアハウス」。本書を通じて、まるで世界が交差したようなNYシェアハウスの神秘とリアリティ、そしてなによりも愉しくハッピーな共同生活を実現した住まいを、みなさんにお伝えすることができれば幸いです。

吉藤美智子

Fabulous Shared Apartments in New York City……

NEW YORK CONTENTS

006　New York City Map

Stylish Rooms　スタイリッシュな部屋

008　多数のアンティークに囲まれた美しいペントハウスでの生活
　　　ムーン・リー　Moon Rhee

014　新旧の美が優しく交差するスタイリッシュなユートピア空間
　　　ガイ・バーディ　Guy Vardi

020　「家族」のような「仲間」と暮らす モダンなシェアハウス
　　　ティファニー・ジェーン・バーバー　Tiffany Jane Barber

024　ミスマッチが心地良い「大人のオアシス」的空間
　　　ジョーダン・リーブス　Jordan Reeves

030　サプライズな装飾の中にもエッジの効いた美的空間
　　　マリサ・マルコ　Marissa Marco

Customized Rooms　カスタマイズな部屋

036　4者4様のスタイルで自由にカスタマイズされた部屋
　　　スティーブン・モールス　Stephen Moles

042　ガラクタ類をとことんリユーズ、DIYベース溢れるシェアハウス
　　　リハナ・エスメール　Rehana Esmail

046　素材感を活かしたワイルドな部屋、渋い手作り感のあるロフト
　　　ブラッド・マロー　Brad Marro

050　愛用品がクールに溶け合う賑やかな多人数シェアハウス
　　　ジュリア・ブレイ　Julia Bray

054　室内なのにアウトドア感覚? 不思議いっぱいの手作りハウス
　　　テリー・チャオ　Terri Chiao

060　**COLUMN**　シェアハウスで見つけた! ナイスな照明たち

Artistic Rooms　アーティスティックな部屋

062　色鮮やかな手作りアートが創造力をかきたてる部屋
　　　カラエ・ハッセル　Kalae Hassel

068　アーティスト同士の感性が響き合う、自由でゴージャスなシェアルーム
　　　ジェナビーブ・ハンター　Jenaveve Hunter

074　大人ガールのエスプリが効いたアーバンライフを満喫できる部屋
　　　野尻芽美　Memi Nojiri

078　「好き」をつきつめた結果、空間が小さな美術館に!!
　　　ミリアン・キャスティロ　Miriam Castillo

084	**COLUMN** シェアハウスで見つけた！グッドな椅子たち	

Comfortable Rooms　カンファタブルな部屋

086	円形モチーフが溢れるレトロポップな4人のスペース 倉田アリサ Arisa Kurata	
090	グリーンと光が詩的に交差する甘美なシェアハウス リア・ゴーレン Leah Goren	
094	ルームメイトはフレキシブルに しなやかな装いのシェアハウス ハン・ファム Hanh Pham	
098	大人シックなくつろぎ空間はまるで「カラーセラピー」 ハンナ・マクレア Hannah McCrea	

Bohemian Rooms　ボヘミアンな部屋

104	芸術や音楽が湧き出る自由闊達な楽園空間 エーレン・ショーディ Ehren Shorday	
110	上質なアートと暮らす 映画のワンシーンような空間 コリン・ダグラス・グレイ Colin Douglas Gray	
116	ノスタルジックな哀愁とアンニュイなムードが漂う部屋 渡瀬麻理 Mari Watase	
122	ぬくもりと味わいに満ち溢れたアンティークの館にようこそ！ マーニ・バーガー Marni Berger	

126	限られたスペースを有効活用するアイデアは「シェアハウス」に学ぶ！ **シェアハウスのインテリア・スタイル**	
127	Common Space　共有スペースのインテリア・メソッド	
128	Reused Items　ニューヨーカーはリユース上手	
129	Storage Ideas　狭s小空間をスマートに活用する収納アイデア	
130	Plants & Green　植物と一緒に暮らすヒーリングライフ	
132	インテリア、雑貨の掘り出し物はNYのマーケットに眠る!? **NYのフリーマーケットへ行こう！**	
134	NYフリマを楽しむためのA to Z、上手に買い物するための英会話レッスン	
136	ニューヨーカーのお墨付き、つまり世界標準が手に入る!! **インテリア＆雑貨ショップガイド**	
141	費用は？ 手続きは？ メリットは？ シェアライフを送りたい人は必見！ **NYシェアハウスの暮らし方**	
142	覚えておくと安心　不動産用語集	
143	シェアハウスが見つかる　ウェブサイト	

NEW YORK CITY MAP

一般的にNYというとニューヨーク市を指します。
市は5つの行政区に分かれ、
その中に約800万人以上の人たちが
暮らしているといわれています。
それぞれの特徴を紹介します。

Bronx ブロンクス（ブロンクス郡）
マンハッタン島の北に位置するエリア。「ブギ・タウン」という別称があり、ヒップホップやブレイクダンスが誕生した地としても知られています。動植物園や大リーグ・ヤンキースの本拠地もこの地区にあります。夜間は治安があまり良くないエリアもあります。

Manhattan マンハッタン（ニューヨーク郡）
南北に細長く伸びる島。西側はハドソン川、東側はイースト川に挟まれています。エンパイアステートビル、セントラルパーク、タイムズスクエア、ウォール街などがあるニューヨークの中心部。高層ビルが密集する摩天楼が有名です。ソーホー、グリニッジビレッジ、トライベッカなどは音楽、芸術、ファッションのトレンド発信地としても知られています。一般的に家賃が高いことで知られています。

Queens クイーンズ（クイーンズ郡）
マンハッタン島の東側に位置し、ブルックリンとつながる大きなエリアです。JFKとラガーディア空港があり、NYメッツの球場「シティ・フィールド」、テニスの全米オープンの会場となる「フラッシング・メドウズ・コロナパーク」があるのもこの地区です。多くの民族が暮らす移民が多い地域で、140以上の言語が話されています。

Brooklyn ブルックリン（キングス郡）
ロングアイランド最西部、イースト川を挟み、マンハッタンの南と東に位置しています。最も人口の多いエリアであり、コニーアイランドなどが有名です。2012年に多目的ホールの「バークレイズ・センター」がオープンし、新たな文化の発信地として注目されています。最近はウォーターフロントなどの都市開発も急激に進み、家賃も上昇する傾向が見られます。

StatenIsland スタテンアイランド（リッチモンド郡）
マンハッタンの南西部、アッパーニューヨーク湾の入り口に位置する大きな島で、北はキル・ヴァン・カル海峡、西はアーサー・キル潮汐海峡を隔ててニュージャージ州と隣接しています。古き良き時代のニューヨークの面影を残す地区で、のどかな住宅地の風景も見られます。

Stylish
Rooms

スタイリッシュな部屋

白、黒、シルバーなどを基本色にしながら、パープルやマスタードなどの
オトナっぽい色を椅子やファブリックに上手に取り入れた、センシティブな部屋の数々。
カスタマイズされた家具やインテリア小物にも
モダンとクラシックのテイストが調和されていて、とてもおしゃれです。
NYのちょっぴりアッパーなシェアハウスをご紹介します。

Stylish Rooms 01

多数のアンティークに囲まれた美しいペントハウスでの生活

ムーン・リー Moon Rhee （写真左） ［ビンテージデザイン・アパレル&アンティーク・ブティック『ディア・リビングトン＋』の共同オーナー｜45歳］

Sharing with **ジェイ・ジャ・ドゥ** （写真右）

「ブルックリン橋をわたり、マンハッタンにある職場のブティックまで犬を連れて歩いて通勤できるから」という理由で選んだムーンさんのお住まいは、NYの摩天楼を眺望できる憧れのペントハウス。リビングの中央にドンと置いた重量感のある細長い木製テーブルをコアに、家具、雑貨、花器など、大半をビンテージで揃えたこだわりのインテリアは圧巻です。仕事柄、世界中を巡って多彩な骨董品を収集する彼にとって、アンティークが溢れる住空間にしたのは自然な流れと言えるでしょう。「骨董品には、時間の流れと共に刻まれてきた独特な味わい、魅力、物語性があります。だから心が落ち着くのかもしれません」とムーンさん。

色とりどりの本類を床にさりげなく重ねてオブジェの一部にしたり、窓際に年代物のアイロンを並べたりと、ルームメイトのジェイさん（写真右）の装飾センスにも目を見張るものがあります。気に入ったものだけを集めるので、椅子やコーヒーカップも不揃い。「でも、毎朝、気分に合わせてコーヒーカップを選ぶのも楽しいですよ」とジェイさん。

いつも忙しく立ち回るジェイさんと、何もしない時間をも大切にするムーンさん。生活リズムは違いますが、究極に心地良いリビングでのひとときは、二人にとって貴重なエネルギー充電タイム。選び抜かれたこだわりのビンテージ品に囲まれたアーバンライフは、誰もの理想の住まいと言えそうです。

Living

1 窓辺のソファは愛犬ダンボちゃんのお気に入り。2 独特の色味、ベルベッドの質感、デザインのディテールが映える椅子はビンテージ。発色がきれいな民族楽器はムーンさんが趣味で使っている。丸みを帯びた巨大なガラス瓶に花を短く挿した独創的なデザインも目を引く。3 1本の木を削って作ったアフリカ製のテーブルは座面が低いので座って使うことができ、窓越しの景色も楽しめる。4 ビンテージのガラス瓶に質感のある花を挿したアレンジは、木製テーブルにぴったりマッチ。花装飾の担当はジェイさん。

Dining

1 細長いシェイプが気に入って衝動買いした130年前の木材による約4mのテーブルは、一番のお気に入り。引越時に長過ぎてエレベーターに入りきらず、一度半分に切断して、また繋ぎ合わせたというエピソードも。靴やDVDを収納している重厚感のある黒いチェストは、かつて学校のロッカーだったという骨董品。ユニークなアフリカ製のお面は白壁とチェスト上に配置。2 厚さ、色、大きさが異なる書籍を重ね、その上に小物やグリーンをアクセントに添えるアイデアは参考に。3 枠組み、釘、ファブリックも全てビンテージでジェイさんが手作りした逸品。4 フラワーアレンジをテーブルのアクセントに。

1「危険!! 窓から手を離して!!」と書かれたユーモアのあるプレートを窓辺に配置。**2** コーヒー豆を挽くグラインダーは1920年代のもの。アンティークのお皿と一緒に壁にディスプレイ。**3** 1940年代に実際にパン屋で使われていた移動式カートに、普段使いの食器をさりげなく重ねて収納。カート上には古い量りを3つ並べ、ドライフラワーを置いて当時の趣を再現している。数々の貴重な骨董品は、ムーンさんが世界中から収集したもの。

Kitchen

Hey's Bedroom

1 趣のある家具を選び、お気に入りの骨董品や仕事関係の雑貨などを上品に飾ったジェイさんのアトリエ。ジェイさんがデザインした異なる生地をつなぎ合わせたドレスを、マネキンに着せてディスプレイ。**2** 南米やメキシコの教会から収集した神聖なオブジェが窓際を彩っている。**3** 当時実際に使われていたという、形や大きさの違うアンティークのアイロンを窓辺にスタイリッシュに並べて。**4** ジェイさんが仕事で使うアイテムを、布を張ったボードにレースやアクセと組み合わせてピンナップ。

1 繊細な刺繍飾りが気に入ってフリーマーケットで購入した赤いベストなど、愛着のある洋服や小物をバランス良くディスプレイ。2 かつて学校の下駄箱として使われていた個性派アンティーク家具には、仕事で使うリボンやボタンなどを仕分けして収納している。上には、タイプライター、時計、日めくりカレンダーなど、味わいのある骨董品を飾り付け。

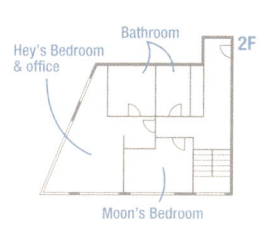

Layout 川沿いにそびえるブルックリンの高層コンドミニアムのペントハウス。床から天井までのガラスウォールから臨むマンハッタンの絶景は圧巻。ベッドルームとアトリエがある2階につながるらせん階段からは、1階の広々としたリビングとキッチンを見下ろせる。

Point プロの審美眼で厳選した骨董品や心の込もった手作り雑貨を美しにレイアウトしているのがポイント。本や花、瓶やお皿など日常使いのアイテムも意識して飾り、毎日見て楽しめる工夫を。家具類の置き方、高低のバランスの良さ、上品な色使いにもこだわっている。

Sharing Data

Name：ムーン・リー Moon Rhee　**Occupation**：ビンテージデザイン・アパレル&アンティーク・ブティック『ディア・リビングトン+』の共同オーナー　**Age**：45　**Gender**：男性　**Origin**：韓国

Sharing with

Name：ジェイ・ジャ・ドゥ Hey Ja Do　**Occupation**：ビンテージデザイン・アパレル&アンティーク・ブティック『ディア・リビングトン+』の共同オーナー　**Age**：43　**Gender**：女性　**Origin**：韓国

Years of sharing：10年　**Size (square feet)**：1600

マンハッタンにあるビンテージ雑貨や上質なアパレル類を揃えたブティック『Dear:Rivington+』を二人で共同経営。主にジェイさん(写真左)はデザイン、ムーンさん(写真右)はビジネス面を担当。15年以上に渡り世界からビンテージ品を収集しており、デザインやショップ経営において豊富な経験を持つクリエイティブなカップル。http://www.dearrivington.com/

Stylish Rooms 02

新旧の美が優しく交差する スタイリッシュなユートピア空間

ガイ・バーディ Guy Vardi ［アートディーラー｜33歳］

Sharing with ベルベット・アッシュメン

　ガイさんのお住まいは、息をのむようなマンハッタンの絶景を対岸に臨める1892年建造のランドマークビル。当時の趣を残す剥き出しのレンガ壁に選び抜いたモダンアートを端正に飾り、古いパイプに観葉植物を吊るすなど、新旧の美を織り交ぜて壮麗な住空間を生み出しています。古い木箱で照明を作ったり、ツルを白い階段に巻き付けるなど、ガイさんの細やかな感受性が光るアイデアがそこかしこに溢れています。また、ユーモアのあるステンシルアートを所々にあしらい、階段下に机や本棚を手作りして空間を有効活用するなど、DIYのデザインも画期的です。

　ルームメイトのベルベットさんが青、緑、灰色の3つの基本色を選び、それをベースにガイさんがお部屋をデザインした、まさにアパート自体が二人のコラボ作品。風水をベースに空気がスムーズに流れるようなレイアウトも取り入れており、大窓から差しこむ光の加減で刻々と変わる部屋のムードさえも愉しんでいるそうです。

　「アパートには各々独特のニュアンスがあります。まずは何週間か住んでみて、光の入り具合や、最も心地良く感じる場所など、住み心地を体験してから具体的なデザインや家具の配置を決めることをおすすめします」とガイさん。リアルなブルックリン生活を体験してほしいので、旅行者の滞在も歓迎しているそう。こんなリュクスな夢のロフトに一日でも住めたら、セレブ気分に浸れそうです。

Dining

テーブル、戸棚、照明は味わいのある木製で揃え、爽やかなグリーンをアクセントに散りばめて、洗練された装いに昇華。キッチンのバーにはアンティークな椅子、ダイニングにはモダンな椅子と、ここでもさりげなく新旧を融合。

1,3 キッチンカウンターの古椅子は建築家が作業用に使っていたもので座り心地抜群。地元の骨董品店で購入。2 花壇用の箱をひっくり返し、穴を開けて電球を入れた自作の照明を食卓上に吊るして。4 天井から吊るしたランプは、「IKEA」のステンレス製の缶を改造したガイさんの自作。家中にある照明の大半は手作り。5 オーダーメイドのみの家具を作る地元のデザイン会社「Recycled Brooklyn」が、ハリケーンで壊れたコニーアイランドの古木を再生して作ったアンティーク風ベンチ。カーペットは、異なる色や素材を繋ぎ、独自のデザインを特注できるお店「Flor」で購入。

Dining Kitchen

1 階段下の空きスペースをデスクと本棚として有効活用。三角スペースの本棚は3段に分けて、異なるサイズの本が収納できる工夫を。2 キッチン戸棚の上には、仏像などのオリエンタル雑貨と植木鉢を交互に並べてディスプレイ。フローリングに映えるカラフルなマットを添えて。3 白階段に映えるモノクロのステンシルアート。4 カラフルなミニサボテンは、ビンテージ風のメタリックなバケツに。5 古雑誌の表紙をプリントしたノスタルジックなコースターをテーブルのアクセントに。

Bedroom

Guy's

清涼感のある青色で壁を四角く塗って存在感を出し、飾り棚を作り、写真立てと植物を交互にレイアウト。天井のスポットライトとベッド脇の照明など、光の当て方にも工夫が見られる。

1 自宅そばのマンハッタン・ブリッジ。橋の向こうには、まるで絵はがきのような摩天楼を臨める。
2 ガイさんの住む歴史的に由緒ある建物は、アーティストや若い実業家が好んで移り住むブルックリンのウォーターフロント「ダンボ」地区にある。

Velvet's

Bathroom

1 フリーマーケットで見つけたモディリアーニの絵画と、水玉模様のビニールシールで壁をカラフルに装飾。淡い光を放つベッド脇のランプも手作り。高い位置のロフト空間で暖かいため、猫のゾイちゃんもお気に入り。2 廊下の壁一面にしつらえたクローゼットに、洋服をきれいに整頓。廊下のマットはダイニングと同じ「Flor」のもので、3つの基本色で統一。3 バスルームは、床のタイルとシャワーカーテンを黒と白で揃えて、アーバンでクールな雰囲気に。

Sharing Data

Name: ガイ・バーディ **Guy Vardi**
Occupation: アートディーラー **Age**: 33
Gender: 男性　**Origin**: イスラエル

Sharing with
Name: ベルベット・アッシュメン **Velvet Ashmen**
Occupation: 不動産ブローカー **Age**: 33
Gender: 女性　**Origin**: アトランタ（アメリカ）

Years of sharing: 4年　**Size (square feet)**: 900

ガイさん（写真）は有名なコンテンポラリーアートを中心に扱うアートディーラーで、グローバルなビジネスを推進中。ソーホーにあるブルーギャラリーの責任者としても活躍している。www.bluegalleries.com
ベルベットさんは地元の不動産ブローカーで、マンハッタンやブルックリンの物件を数多く扱う。

Layout 日当りの良い広々としたリビング＆キッチンスペースの2階にロフトを増設。階段を造り付けて、その下にオフィス、本棚、収納空間を作っている。リビングとつながるベッドルーム、クローゼット＆ランドリー空間はカーテンで仕切り、プライバシーを守る工夫が施されている。

Point 採光や心地良さなど、空間を五感で感じながら家具や雑貨を配置した部屋。青、緑、灰色の3色を基本色に、心の込もった手作りアイテム、こだわりのビンテージ家具、異なる種類のグリーンを絶妙に組み合わせ、個性溢れる空間を生み出している。アートディーラーの視点から厳選したこだわりの絵画や雑貨も印象的。

Stylish Rooms 03
「家族」のような「仲間」と暮らすモダンなシェアハウス

ティファニー・ジェーン・バーバー Tiffany Jane Barber (写真中央) ［建築家｜30歳］

Sharing with ロバート・セラット (写真右)、アンドゥリュー・ミクス (写真左)

　スケボーはロバートさん、ギターはアンドゥリューさん、アート類はティファニーさんと、各自の個性や趣味をそのままインテリアに反映しているシェアハウス。リビングに掛けられた3台の自転車が、3人のハッピーな共同生活を物語っているようです。故郷から離れて生活する3人は、まるで本当の家族のように仲良し。週末は一緒に食事や買い物を楽しみ、クリスマスや感謝祭には仲間を呼んでパーティーをするのが恒例だそうです。

　部屋全体のインテリアは、清潔感のあるニュートラルな白やグレーに、ウッディな床と家具を合わせた聡明でモダンな装いがベース。また、場を和らげるマストアイテムである観葉植物が空間のあちこちに散りばめられて、清涼感をプラスしています。空間を優雅に彩る彫刻のような手作り照明や、さりげなく置かれた趣味の良い雑貨も目を引きます。

　キッチンは戸棚の扉をあえてはずし、お酒やグラスを並べて見せて、オープンバーのように陳列。ダイニングにはカラフルな本が詰まった棚を置いて、即席のライブラリーの装いを醸し出しています。インテリアのデザインは、きれい好きのジェニファーさんが主導ですが、共有空間の家具類は「置くスペースがあるか」と「実際に使うのか」という機能面を重視して、みんなで決めるそう。3人の好きなものを自由に飾りながら空間を創造していく、活気に満ちたシェアライフが実践されています。

1 柔らかい光が差し込むリビングでくつろぐ三人。**2** 雑貨類は色違いのボックスに入れ、四角い木棚に整理。棚の上には違う種類のグリーンを並べ、棚の中は左側に同じ大きさの植物、右側に花器をまとめるなど、飾り方にも気配りが。**3** レアなフォルムの手作りプランツは天井から吊るして空間のアクセントに。**4** 3人愛用の自転車もポールにかけて魅せるインテリアに。

Living

Robert & Tiffany's Bedroom

1 カメラはアンソロポロジー社の小粋なアニマルハンガーに掛けて。**2** 清潔感のある白とウッディな風合いが絶妙なバランスでシックに昇華。細長い机の上には、茶色と黒の2種類の額縁をアシンメトリックに装飾。何も飾らない白壁を残し、空間を広く見せる工夫も。

≡ 021 ≡

水回りは白で統一し、戸棚の扉をはずして開放感を出したキッチン。戸棚にはテキーラやウィスキーを置いてバーのような雰囲気を作っている。花崗岩のカウンタートップと黒白タイルは好相性。シンプルながら座り心地の良い椅子を添えてモダンに。

1 緑が広がる裏庭はアパートの住人の安らぎの場。2 アンティークの折り畳み椅子と、鏡をはめた手作りの壁飾りをバランスよく配置。3 ダイニングに置いた本棚は3人で段を分けて共有。ここで本を読みふけったり、友達を呼んでゲームをしてくつろぐこともあるそう。食卓には自作の陶器&白い花をアクセントに添えて殺風景さを払拭。

Kitchen

Sharing Data

Name：ティファニー・ジェーン・バーバー Tiffany Jane Barber
Occupation：建築家　　Age：30
Gender：女性　　Origin：フロリダ (アメリカ)

Sharing with

Name：ロバート・セラット Robert Cerrato
Occupation：グラフィックデザイナー　Age：30
Gender：男性　　Origin：カリフォルニア (アメリカ)

Name：アンドゥリュー・ミクス Andrew Miksch
Occupation：ソフトウエア・プログラマー　Age：30
Gender：男性　　Origin：アラスカ (アメリカ)

Years of sharing：1年半　　Size (square feet)：780

ティファニーさん (写真中央) は、マンハッタンの有名な建築会社で働く建築家。ロバートさん (写真右) は、広告やブランディングなどに取り組むグラフィックデザイナー、アンドゥリューさん (写真左) は、コンピューターやアプリのプログラマー。ルームメイトを探していたアンドゥリューさんと部屋を探していたティファニーさんのニーズがマッチし、4年前に二人のシェア生活がスタート。次いでロバートさんが1年半前に入居した。

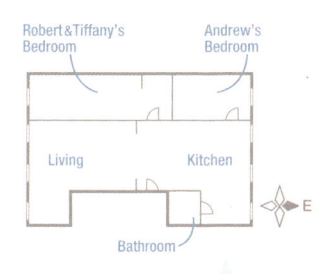

Layout リビングとダイニングがつながったコの字型の間取り。光や風通しが良く、ダイニング空間にはバー付きのキッチンを併設。奥にある左右に長いスペースは、壁を隔てて二つの部屋に分割されている。

Point 空間を広く見せる白壁の空間に爽やかな木目の家具を置き、グリーンをアクセントに添えて、居心地の良い雰囲気を作っている。「IKEA」の機能的な家具や収納グッズを賢く使って植物や雑貨を整頓するなど、清潔感を重視。全体の色のトーンを抑えた、落ち着いた大人のムードが漂うインテリアにも注目。

Stylish Rooms 04

ミスマッチが心地良い「大人のオアシス」的空間

ジョーダン・リーブス Jordan Reeves ［非営利団体イベントプロデューサー｜29歳］

Sharing with **ジョシュア・ホールデン**

「モダンと伝統が共存した、心地良いエクレクティック(折衷)&ミスマッチな空間」がジョーダンさんのシェアハウスのモットー。なるほど、その部屋には古いモノと新しいモノが「折衷」され、色や質感の組み合わせや、家具や雑貨の配置に「ミスマッチ」が見て取れます。空間デザインにとことんこだわる彼のお気に入りは、手作りの木製テーブルを斜めに配置した、日当りの良いカフェ風のダイニングだそう。大胆な紫に彩られた壁に、華麗な絵画と飾り棚を造りつけ、センセーショナルな空間を創っています。「紫はインパクトがあって、ちょっぴりノーブルな気分になれるのが良いですよ」とジョーダンさん。一方、シンク上のキャビネットは取り壊し、木の棚を取り付けて、食器類を一列に並べて整頓。また、古い木製家具を青や黄のポップカラーに塗り替えたり、巨大な植物に電球を巻き付けて照明代わりにしたりと、遊び心が溢れる工夫が随所に見られます。どこを切り取っても絵になるインテリアは、友人のジョシュアさんと相談しながら作り上げたそう。二人の美的センスの高さがうかがえます。

夜になると部屋の雰囲気はガラリと一変。レトロなシャンデリアにキャンドルを灯し、台所の棚はダウンライトでムードアップ。まるで小さな隠れ家レストランの一室のよう。昼と夜で時間の流れの早さが変わる魅惑のシェアハウス。ミスマッチを好む「大人のオアシス」がここにあります。

Living

1 コテージ風にしつらえたダイニングは、リビングを見渡せるようにテーブルが斜めにレイアウトされているのが特徴。**2** 柱を黒板に、木を照明にするなど先鋭的なアイデアが光る。青いソファには鮮やかな色合いのクッションを添えて。**3** 木箱を壁に取り付けたバーセクションは小粋でレトロな風合い。鏡とランプをアクセントに、上質なテイストも加えている。**4** 粗大ゴミの山から拾ってきたシャンデリアは、メンテナンスして幻想的な佇まいに一変。キャンドルの大きさや数で光量を調節している。

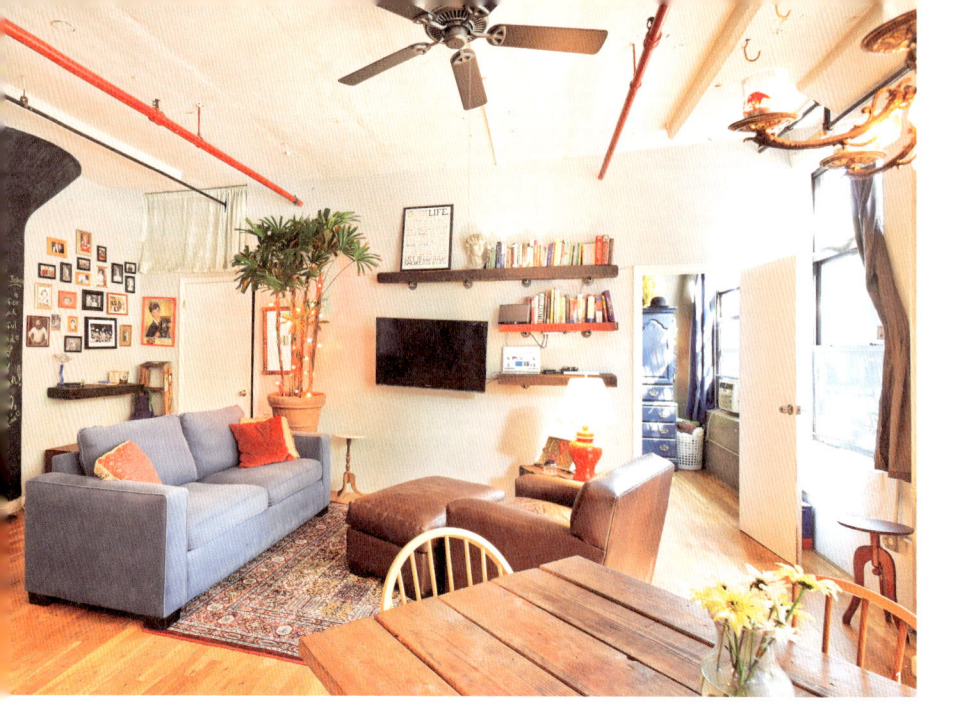

1 木目を使ったオーガニックなデコや、クールな照明、植物や小花のアクセントなど、トレンドに敏感な若者が好むブティックホテルのような雰囲気。2 部屋のコーナーにきれいな発色の植物を置いて、空間全体の「緩衝材」に。3 重量感のある古板を持ち込み、長さを変えて壁に造り付けた三段の木棚。彫刻のオブジェをブックエンドに活用。4 故郷から離れて暮らす二人の家族写真を集めたメモリーウォール。色違いの額縁を多用しても、なぜかバランス良く見えるのが不思議。5 壁の一部を黒板にし、メッセージボードとして活用。その横は古板を組み合わせてフックをつけた手作りの小物掛け。6 祖父から譲り受けた愛着のあるトランクをテーブル代わりに。上にはデザイン性の高い小物やランプを添えて。

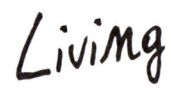

Living

1 4つの木枠が重なって見えるように組んだ手作りの棚。調味料類を並べても生活感を感じさせない。**2** 鍋類はバーカウンター下の手作り棚に収納。右側にだけキャスターを付け、手前に動かせるように工夫している。**3** 料理で使うシード類は大きさの違うガラス瓶に入れ、高さの違うものを互い違いに並べている。**4** 冷蔵庫に掛けた上質な鋳鉄の鍋敷きは祖母から譲り受けたもの。**5** 調理用のバーカウンターは古い木材を組み合わせた自作。壁棚のグラスは種類別、瓶類は高いものから低いものへ、お皿は色違いに重ねるなど、並べ方にもこだわりが見てとれる。

Kitchen

Bedroom

1 ベッドの後ろだけ白壁を残し、古びた地図を掛けて好奇心がそそられる雰囲気を演出。2 鮮烈な黄色で塗装した棚には、糸や針など、ジョシュアさんの仕事関連の小物が並ぶ。3 壁の中央に木彫りのキャンドルホルダーを飾り、空間のアクセントに。4 おしゃれなブティックやカフェが点在するブルックリンのウィリアムズバーグ。今人気のエリアに、彼のシェアハウスがある。1920年代に建てられたビルは元工場だった。

Joshua's

ビビットカラーのスーツケースを壁の上に、アイロンは台とセットでドア掛け。ポップな色味を空間にちりばめている。

Jordan's

1 壁にはあえて何も飾らず開放感を作りながら、風格のあるチェストを置いて空間にメリハリを付けている。さらにビビッドな小物も飾ってコントラストを効かせて。2 ベッドと枕カバーには鮮やかな赤と青の柄物をチョイス。照明の光を上下に流すことで、空間の広さを生み出している。3 集めたピンズはタンスの扉に付けた布地にまとめて。4 カラフルなネクタイ類はタンス横のミニハンガーに掛け、見せる収納。5 水色のタンスをアンティークのような装いに。ポイントは塗りムラを見せること。

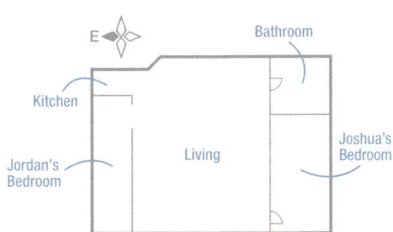

Sharing Data

Name：ジョーダン・リーブス Jordan Reeves
Occupation：非営利団体勤務
Age：29　Gender：男性　Origin：アラバマ（アメリカ）

Sharing with
ジョシュア・ホールデン Joshua Holden
Occupation：操り人形師
Age：30　Gender：男性　Origin：ボストン（アメリカ）

Years of sharing：6ヶ月　Size (square feet)：900

ジョーダンさん（写真）は、非営利団体に勤務。小学生向け教育用アニメ映画の制作や学習障害を持つ子どもの親向けのプラットフォーム構築などに従事。ジョシュアさんはプロの操り人形師で、ブロードウェイのパペットミュージカル「アベニューQ」でも大活躍。独自のショーの制作も手掛けており、全米ツアーでパフォーマンスを披露している。www.Joshuashow.com

Layout 入口を入って右手に、キッチンとリビングが繋がった日当りの良いオープンスペースがある。リビングを挟んで、部屋が左右に分かれているため、プライバシーをキープできるレイアウトになっているのが特徴。バスルームは入口の左側。

Point 伝統的な家具にカラフルな原色をダイナミックに織り交ぜた「ミスマッチ」がポイント。古い家具をリユースして表情を変えたり、自然素材で棚やテーブルを手作りするなど、クリエイティブな空間を作っている。ディテールでは食器や調味料、写真や小物の並べ方、家具や小物の配置の仕方など、バランスにこだわったインテリアが目を引く。

Stylish Rooms 05

サプライズな装飾の中にも エッジの効いた美的空間

マリサ・マルコ Marissa Marco [写真左] [弁護士 | 33歳]

Sharing with **マシュー・ウルヴァノス** (写真右)

　真っ白なキャンバスに向かうアーティストと同じ感覚で、空間と対話しながら、自由に自分の感性を表現するのがインテリアデザインの基本。「深刻に考えすぎずに楽しみながらやるのがベスト」というマシューさん。ビジュアル的にユニークで、エッジの効いた美を探求するのが彼のスタイル。巨大なホーンをベッドボードにしたり、ドア1枚を廊下に立ててオブジェにしたり、ロープをアートに転用したりと、意外な発想のデザインには目を見張るものがあります。

　特に心を奪われるのは、旅行先のタイで買った手作りシャンデリア。「すっかり惚れ込んだので、ココナッツを一つずつ包んでスーツケースに入れて持ち帰ったの。クリスマスには電球の色をカラフルに変えてお祝いするのよ」とマリサさん。他にも、柱を黒板に、マネキンを照明スタンドにしたりと、オリジナリティ溢れるアイデアが随所に見られます。

　インテリアには、モノ作りが大好きなマシューさんの感性が大きく反映されていますが、ガーデニングの担当はマリサさん。苺やトマトなどはテラスで栽培し、最近は料理にも使えるハーブや野菜を室内で育てる水耕栽培に夢中とか。マンハッタンの職場でハードに働いたあとに、都会の喧噪から離れた自宅に戻り、テラスで乾杯するひとときは至福の時間。ビル群を包み込むほどの大きな茜色の夕焼けを見ながらくつろぐ時が、二人の元気の源になっているようです。

Kitchen

リビングとつながるアイランド型キッチンは、メタリックな質感が光るシャープで都会的な装い。広いカウンターは時に、バースペースに変身することも。

Living

1 フリーマーケットで購入した魚の骨のような小物は、キーホルダー掛けに。2 屋外テラスには細長い木製カウンターを造り付け、多種の植物やハーブを育てている。時には夜景を見ながら乾杯することも。3 木材を再生した重量感のある自作テーブル上にはココナッツ製のシャンデリア。4 ミニチュアフィギュアを持参し、旅先で撮影した写真。発想がユニーク。5 カラフルな額縁の上にもフィギュアを並べて楽しませる工夫を。

手作り家具のぬくもりが漂う快適なリビング。ロープ張りや繊細な枝のステンシルアートなどの個性的なデコが、空間をドラマチックに彩っている。ソファは一つにして、反対側には低い木の椅子を置き、コーナーの壁には猫が遊べる3つの棚を設置。

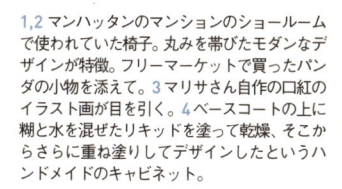

1,2 マンハッタンのマンションのショールームで使われていた椅子。丸みを帯びたモダンなデザインが特徴。フリーマーケットで買ったパンダの小物を添えて。**3** マリサさん自作の口紅のイラスト画が目を引く。**4** ベースコートの上に糊と水を混ぜたリキッドを塗って乾燥、そこからさらに重ね塗りしてデザインしたというハンドメイドのキャビネット。

Marissa's Bedroom

1 深みのあるノーブルな色合いで落ち着いた大人の雰囲気のベッドルーム。2 ベッドボードに変身した巨大な牛の角。3 廊下に立てたドア。この一枚が素敵なインテリアに。4 道端で拾ってきたマネキンは、頭にシェードを付けてランプとしてリユース。5 バスルームは、キャビネットと東洋風のシャワーカーテンの色合いを揃えてホテル風に。

Layout ビル5階のアパートで入口を入るとバー付きのオープンキッチンとリビング。廊下の左側に2つの部屋があり、一番広いマリサさんの部屋は収納スペースも広くバスルームも併設されている。

Point シャンデリアやベッドボードなどの個性派アイテムと、ハンドメイドの小物を織り交ぜて独自の世界を作っている。木やロープなどの天然素材を使った装飾、マネキンを転用したランプ、自分でペイントしたキャビネットなど、個性的なアイデア目白押し。

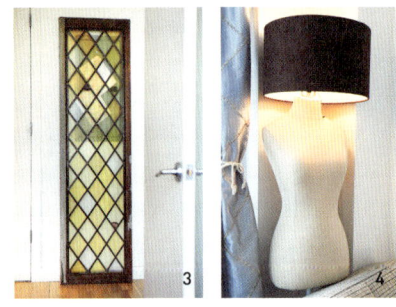

Sharing Data

Name：マリサ・マルコ **Marissa Marco**
Occupation：弁護士　**Age**：32　**Gender**：女性
Origin：コネチカット（アメリカ）

Sharing with

Name：マシュー・ウルヴァノス **Matthew Urbanos**
Occupation：メディア会社のクリエイティブ・ディレクター、バーのオーナー　**Age**：39　**Gender**：男性　**Origin**：アイオワ（アメリカ）

Years of sharing：3年　**Size (square feet)**：1200

マリサさん(写真左)は企業の吸収合併などに取り組む弁護士。マシューさん(写真右)は、デジタル、テレビ、プリントなど多角的に経営する有名な全国紙のデザインチームリーダー。「シュガーバーグ」というバーの共同経営者も兼ねる。流行発信地として名高いブルックリンのウィリアムズバーグに店を構えている。http://www.sugarburg.com/

Bathroom

Customized Rooms

カスタマイズな部屋

「なければ自分で作れば良い!!」
個性的なインテリアには持ち主の強烈なDIY精神が込められているかのよう。
また、機能性と心地良さを一番に考えた住人たちの部屋には
自然素材の木のぬくもりやグリーンがいっぱいあるのも大きな特徴。
DIYに魅せられた人が住まうシェアハウスは必見です!!

Customized Rooms 01

4者4様のスタイルで自由にカスタマイズされた部屋

スティーブン・モールス Stephen Moles（写真左から二番目） ［ライター｜30歳］

Sharing with 笠川大輔（写真一番右）、サルズマン雄太（写真右から二番目）、岩田知典（写真一番左）

デザイナー、カメラマン、ライター、映像ディレクターの4人がシェアするロフトアパートは、まるで映画の一コマに出てくるようなラギッドなスタイルが印象的。個々の友達のつながりがきっかけで一緒に住むことになった4人。職業柄、共通の話題も多く、互いに刺激を受け合うことも多いそうです。

自慢は、緩やかな光に包まれた白い板張りの共有リビング。梯子、ドア、椅子等、拾い物や個々が持ち込んだ素朴なアイテムが無造作に並んでおり、撮影スタジオとしてもよく活用するそうです。一方、各自が改造した部屋には、個々の感性やスタイルが色濃く反映されています。天井から自転車を吊るしたり、ドア上に棚をつけて靴を並べたりと、狭い空間を賢く利用した収納術が印象的です。

生活リズムがバラバラで4人が揃うことは珍しく、数日顔を見合わさないことも。でも、お互いの誕生日や祝日などは集合し、大勢で楽しい時間を過ごすこともあるそう。

「人間関係がドライな大都会での生活は、ふと寂しくなることも多い。だから、誰かがいる住まいに帰れる、という安心感はありますね。リビングで映画を見ている仲間に加わって、グラスを片手にくつろぐ……。そんなカジュアルで自然体なライフスタイルが気に入っています」とスティーブンさん。

みんな楽観的で協調性があるので、トラブルはほとんどなし。クールで快適、理想的なブルックリン流のシェアライフには憧れます。

1 日常使いのフライパンや鍋類は、フックに掛けてフタと一緒に並べている。見た目もきれいで生活感の見えない機能的&スマートな収納。2 造り付けた棚に並べたのは個々が持ち寄ったグラス類。誰でも自由に利用できる。3 自分たちで改造したキッチンとカウンター。椅子が不揃いなのは大半が拾い物、いただき物であるため。ランダムに並べて、ファンキーなバースペースを演出。天井にはビッシリとチェーンライトを施して、楽しい雰囲気に。4 ガラス瓶に毎月20ドルを入れるのが約束事。ストックしたお金で石鹸やナプキンなどの日用品を購入するとか。

Kitchen

Living

1 お気に入りの白階段でくつろぐ大輔さんの愛猫ジジ君。全員で可愛がっているシェアハウスのアイドル。2 夜中やパーティー時、テキーラを嗜む時に使うカラフルなショットグラスも並べてディスプレイ。3 壁を黄色で塗ってセクション化したオーディオコーナーはみんなのお気に入り。各自が持ち寄った映画や音楽のDVDは手作りの棚に収納して共有化。好きな時に自由に鑑賞できるのもシェア生活のメリット。

4 梯子、鏡、椅子などは床に並べてインテリアの一部に。高さやバランスを考慮したレイアウトで、撮影現場のようなクールな佇まいを強調している。5 ショットグラスやキャンドルは棚の中に均等に並べてお店のようなディスプレイに。拾ってきたストリートサインで無機質な棚に差し色を。6 空間に置かれたマネキンは撮影用ながらも個性を主張。

☆ 038 ☆

光がたっぷり注ぎ込むオーガニックな装いのロフトアパートのリビング。木床のラギッドな空間には、ブロックやガラスなどを使った、インダストリアルで落ち着いた色味の家具がよく似合う。

Bedroom

Daisuke's

撮影用の黒テープを切りつないで「靴を脱いで」という文字を床板にアレンジ。玄関マットのように見えるユニークなアイデア。

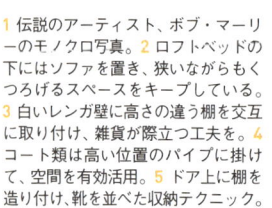

1 伝説のアーティスト、ボブ・マーリーのモノクロ写真。2 ロフトベッドの下にはソファを置き、狭いながらもくつろげるスペースをキープしている。3 白いレンガ壁に高さの違う棚を交互に取り付け、雑貨が際立つ工夫を。4 コート類は高い位置のパイプに掛けて、空間を有効活用。5 ドア上に棚を造り付け、靴を並べた収納テクニック。

4人ともクリエイティブな業界人なので、自分の部屋は好きなスタイルと独自の感性で改造して楽しんでいるのが特徴。

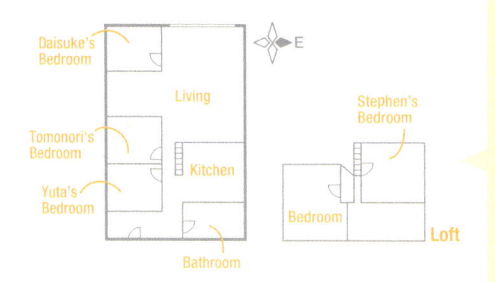

Layout 広いリビングを取り囲むように各自の部屋をアレンジ。1階に並列に3つ、階段で上るロフト部屋が2つ、計5つの部屋がある。リビングつながりのキッチンには仲間と料理や食事を愉しめるカウンターを設置。入口の右手にトイレ&バスルーム。

Point 個々の部屋が狭いので、共有のリビングは光や風の通りをよくして開放感を出している。生活感をあまり感じさせない撮影スタジオのような雰囲気をキープするために、家具類は無造作にレイアウト。高天井やクリーンな白壁など、建物自体が持つ素材感を生かした格好良い住まいを実現している。

Yuta's

1 ロフトベッドと階段を造り付け、その下にデスクと本棚を置き、オリジナルスペースを創出。机、本棚、ベッドも全て手作りのDIY精神に注目。**2** 自転車はショップ風に天井から吊るし、必要に応じてロープを引っ張って下ろせる工夫を。**3** センスの良い帽子は、ベッド脇に掛けて見せる収納。

Stephen's

1 パイプに装飾用のライトをクルクルと巻き付けて、お茶目な雰囲気を演出。**2** スリムな棚の色を壁や天井の色とシームレスにマッチさせてシンプルな装いに。部屋は狭いが、あえて何も置かずに、贅沢に空間を使っている。そのため、お気に入りの靴を並べたディスプレイも際立つ。

Sharing Data

Name: スティーブン・モールス **Stephen Moles**
Occupation: ライター **Age:** 30
Gender: 男性 **Origin:** カンザス（アメリカ）

Sharing with
岩田知典 **Tomonori Iwata**
Occupation: カメラマン **Age:** 30
Gender: 男性 **Origin:** 日本

サルズマン雄太 **Yuta Salzman**
Occupation: グラフィック・デザイナー **Age:** 25
Gender: 男性 **Origin:** 日本

笠川大輔 **Daisuke Kasagawa**
Occupation: 映像ディレクター **Age:** 25
Gender: 男性 **Origin:** カリフォルニア（アメリカ）

Years of sharing: 約1年 **Size (square feet):** 1,050

（写真右から）フリーライターとしてさまざまなジャンルの媒体に寄稿するスティーブンさん。ウェブ、雑誌、映像などのグラフィックデザインを手掛ける雄太さん。TV、ビデオ、DVDに加え、ドキュメンタリー番組制作にも携わる大輔さん。ファッション業界を中心にフリーのカメラマンとして活躍中の知典さん。全員、ニューヨークを拠点にクリエイティブな仕事で自分の夢を追い続けている。

Customized Rooms 02

ガラクタ類をとことんリユーズ
DIYベース溢れるシェアハウス

リハナ・エスメール Rehana Esmail (写真右) ［メディア・アーティスト｜29歳］

Sharing with **シーナ・ゼカヴァット** (写真左)

「一見ガラクタに見えるものに手を加えて命を吹き込み、新しい価値を生み出すこと」に情熱を傾けているのがリハナさんとシーナさん。スクラップの材木を集めてテーブル、棚、ベンチを組み立て、工事現場で見つけたネジやパイプをコートハンガーに。コンクリートブロックの上にベッドを作り、拾い物のオブジェを照明に変えるなど、家中の大半がハンドメイド＆リメイクです。「限られたスペースに、6人は泊まれる心地よいシェア空間を、いかにお金をかけずに創造できるかが課題さ」とシーナさん。

彼の信じるインテリアの基本概念は、「モノとモノとの間にある関連性を見つけながら、空間を流動的に作り出すこと」。デザインにルールなど存在せず、可能性は無限。だからこそ、新しいアイデアを探索し続けることが大切だと言います。「生活感のない白いミニマルな空間は退屈でつまらない」という二人は、見せる収納と使いやすさを最重視。テーブルは料理しながら使えるT字型に、電球のコードはクルリと丸くして天井から吊るすなど、新鮮なアイデアがいっぱい。高天井や窓際に植物を添えて自然を取り入れたり、カラフルなエスニック調の絨毯や雑貨をアクセントに添えるなど、気の利いた装飾も目を引きます。複数で住めるシェアライフを念頭に置いた手作りロフトは、誰もがくつろげる都会のオアシス。空間を泳ぐほっこりとした温かい風が伝わってきそうです。

シーナさん作・自慢のダイニング。テーブルは調理台としても活用できるようにT字型にデザイン。昼はカフェ風の装いを楽しみ、夜は仄かな光でロマンチックな雰囲気を生むミニライトを吊して。テーブル上には植物やキャンドルを一列にレイアウト。窓には白いカーテンを掛け、下方で結んで風通し良く。左手の階段の上には手作りのロフトベッドがある。

Dining Kitchen

1 日常使いの調味料を壁に作り付けた木棚に並べて配置。カラフルなハーブ類はビンテージ風のキャニスターやガラス瓶に入れている。 **2** 日当りのよい窓辺には、日光を必要とする植物を選択。 **3** 窓がないシーナさんの部屋への光と風の通りをスムーズにするため、ドア上に木窓を造り、グリーンを置いている。グリーンはプライバシーのキープにも役立っているそう。 **4** ボリュームのある大きめの植物はロープで吊るして高い位置に。高天井を利用した、空間を広く見せる技の一つ。

Rehana's

1 インドメイドのお手製のジュエリー箱は、色味や凝ったデザインが素敵。リハナさんのお気に入りで、故郷のドイツからスーツケースに入れて持参したそう。**2** 道端で拾ってきた木製の模型に裸電球を入れれば個性溢れるランプに。小さな穴から弾ける光が美しい。**3** 手製の絨毯は、シーナさんの故郷イランで入手。等間隔に配された独特の模様に異国情緒を感じさせる。**4** コンクリートブロックを並べて作ったベッド。位置が低いため、空間が広く見える。クローゼットの扉は取り、洋服は見せて収納。ざらつきのある壁にスタンドライトの光をあてた間接照明で、甘美なムードを紡ぎだして。

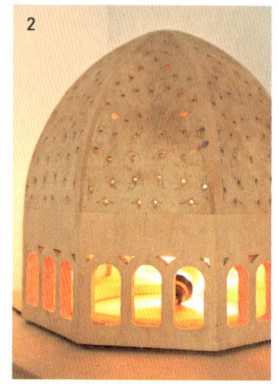

Sima's

窓がないので照明を増やし、さらにリビングから光が流れるように木窓を作ったシーナさんの部屋。壁には何も飾らず、ニュートラルな色味を基調にシンプルな美を追求。木製の家具を置いてホテルのようなラグジュアリーを創出している。

Bedroom

1 ロフト下に作った約3畳の共有のリビング&オフィス空間。ソファを置き、白壁に木棚を取り付けて本や雑貨を並べて整頓。ソファに掛けたファブリックとランプシェイドは生き生きとした赤で統一。2 ロフト部分のシェア用部屋。狭いスペースを有効活用し、照明や鏡は床置きで、洋服はパイプがけ。3 高い位置にあるので眺めは抜群で、遠くにエンパイアステートビルも臨める。

Sharing Data

Name：リハナ・エスメール Rehana Esmail
Occupation：メディア・アーティスト　**Age**：29
Gender：女性　**Origin**：ドイツ

Sharing with

Name：シーナ・ゼカヴァット Sina Zekavat
Occupation：アーティスト　**Age**：27　**Gender**：男性　**Origin**：イラン

Years of sharing：1年　**Size (square feet)**：900

Layout 入口の廊下から繋がるキッチン&ダイニングの左手に、小さな共有のリビング&オフィス。その上にロフト部屋をシェア用に建造した。さらに奥の静かな空間がリハナさんの部屋。シーナさんの部屋はダイニングとつながり、バスルームの横。ビルの屋上も共有で使用できる。

Point リーズナブルでもクリエイティブかつ心地良い住まいを優先し、グリーンや手作り雑貨を散りばめて、自己流のスタイルを確立。木板やブロックなど、シンプルな素材を賢く使っておしゃれなインテリアにするスキルは上級。間接照明を多用し、アンニュイなムードを演出している。

マンハッタンにある大学院でメディア研究を専攻しながら、メディア関係の会社に勤務し、撮影や編集にあたるリハナさん（写真左）。一方、ロンドンで建築を勉強したシーナさん（写真右）は、アートやグラフィックデザインの仕事に従事。友達を通じて知り合ったカップルの二人は料理が大好きで自炊することが多い。部屋のレイアウトやインテリアも基本的には一緒に考えて決めておりとても仲が良い。

Customized Rooms 03

素材感を活かしたワイルドな部屋
渋い手作り感のあるロフト

ブラッド・マロー Brad Marro（写真左） ［メディア・プロデューサー｜34歳］

Sharing with **トム・パターソン**（写真右）

　過去10年間で、40人以上のルームメイトと生活したという、シェアライフ経験が豊富なブラッドさん。2年前に今のロフトをレンタルし、殺風景な空間を独自のセンスで大改造しました。「先週、この本棚と扉を組み立てたばかりで、まだリノベーションは続行中。次のプロジェクトは寝室の壁アートかな」と陽気に語る彼は、住まいの構想を心から愉しんでいるようです。

　自慢は、戸棚、シンクの壁、テーブルも全てDIYという台所。色味を抑え、必要な要素だけでシンプル＆クールにまとめています。一方、「機能的アート」と自称する屋内ガーデンも手作り。25種以上のハーブや野菜類を育てて日々の食材として活用、近所の住人を呼んで夕食をふるまうことも頻繁にあるそう。「最近は、外食より自宅のシェアハウスで仲間と食事する方が楽しいね。大人数で集まれるし、時間を忘れてリラックスできるから」とブラッドさん。誰もが気軽に立ち寄れるカジュアルな雰囲気がまさにシェアハウスの魅力。ルームメイトのトムさんの他に、ブラッドさんの部屋に造り付けたロフトベッドにも、よく仕事仲間たちが宿泊するそうです。

　撮影のロケ場所としても活用されるこのロフトの究極のゴールは「故郷コロラドの粗野なキャビンと、スリークなブルックリン風ロフトを融合させた、心が豊かになる住空間」。今後、いかにクリエイティブな空間に進化していくのか、気になります。

Living

1 壁一面にほどこした巨大な絵画は、友人のアーティスト、リリー・モリスさんの作品。ジャングルの神秘を描く絵の雰囲気そのままにダイナミックな空間が広がる。**2** キャビンのムードを高めるいただきものの暖炉は、冬場は火をつけて活用。上にはワイングラスを並べて。**3** 錆びにも無骨な趣を感じさせる古い道具箱をテーブル代わりに。毛布やシーツなどを収納している。**4**「IKEA」で購入した竹細工の照明を置き、落ち着きのある和のエレメントを取り込んで。**5** 空間に使われている木の色や材質としなやかに調和するように絵画をチョイスしている。

Tom's Bedroom

仲間と一緒に仕切り建具を取り外し、扉、棚、はしごを付けたDIYのロフト部屋。窓には白いカーテンをつけて、植物と座り心地の良い椅子を配置。素朴な木目が特徴的な、キャビン風の装いに仕上げている。

じっくりと時間をかけて手作りした自慢のキッチン。天井からロープで吊るした収納棚も、かなり苦労したという古新聞の印刷版を使った壁デザインも、すべて彼のオリジナル。自然光を取り入れるレイアウト、さらに、食材を切ったり混ぜたりする際にも活用できる木製のバーと椅子を用意するなど、創意工夫が見られる。

Kitchen

1 「アートの一つ」というビジョンを持って日当りの良い窓際に作った屋内ガーデン。時間をセットして自動的に水をあげるシステムを設置するなど、ディテールにもこだわっている。 2 長さの違うナイフ類はマグネットにつけ、見せて収納。 3 「IKEA」で購入した便利な丸缶に調味料やハーブ類を分別し、冷蔵庫にマグネットでつけて、使いやすく。 4 異なる質感と色合いの木材を張り合わせて作った戸棚には、日常使いの食器類を収納している。 5 セージ、タイム、レタスなど多彩なハーブや野菜を栽培している。

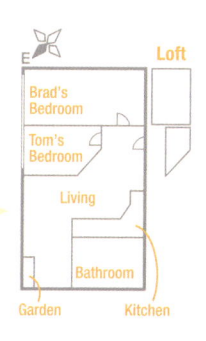

Sharing Data

Name:ブラッド・マロー Brad Marro
Occupation:メディアプロデューサー　Age:34
Gender:男性　Origin:コロラド(アメリカ)

Sharing with
Name:トム・パターソン Tom Patterson
Occupation:アーティスト　Age:36
Gender:男性 Origin:ボルチモア(アメリカ)

Years of sharing:3ヶ月
Size (square feet):1,020

13年前にNYに移住したブラッドさん(写真左)は、映画、テレビ番組、CMなど、多様なメディアのプロデューサーとして活躍中。キャンプ、ハイキング、スポーツなど屋外でのアクティビティが大好き。頻繁にルームメイトは変わるが、現在は古くからの友人でアーティストのトムさん(写真右)とシェア。トムさんは大工仕事が好きで、ブラッドさんのリノベーションをよく手伝う。

Layout 元々は工場で住みづらい間取りだったが、不必要な壁を取り払い、リビングと寝室の間にトムさんの部屋を増設。さらに複数シェアができるように、ブラッドさんの部屋にもロフトベッドを作った。台所とリビングがつながったオープンスペースは日当りがよく、ガーデニングにも最適。バスルームとトイレは左手の一番奥に。

Point 木製のテーブルや棚、緑が潤うガーデンなど、ナチュラルな質感を活かした機能的&ハンドメイドな部屋。ミニマムな色味で全体をまとめ、壁には感性に響くダイナミックな絵画を飾りつけている。空間にほどよく隙間を残すため、家具の配置を工夫し、何も置かないスペースも創っている。

Loft
Brad's Bedroom
Tom's Bedroom
Living
Bathroom
Garden　Kitchen

Costomized Rooms 04

愛用品がクールに溶け合う賑やかな多人数シェアハウス

ジュリア・ブレイ Julia Bray〔写真中央〕　［女優&ライター｜26歳］

Sharing with **ヘイリー・デジャダンズ**〔写真一番右〕、**エレノア・ブレイ**〔写真一番左〕、**サム・リッチャー**〔写真右から二番目〕、**ライアン・ペトラス**〔写真左から二番目〕

　大きな窓から光と風を取り込む開放感たっぷりの空間を改造し、5つの部屋を作ったシェアハウスがここ。共用のリビング&台所には、持ち寄った家具類を雑然とレイアウト。サムのギター、ヘイリーのミシン、ジュリアの椅子、ライアンのチェスなど、各自の愛用品が空間に溶け合い、みんなが自然体で心地良く暮らせる緩やかな空気が漂っています。

　そもそも別々にこのシェアハウスを見学しにきた二つのグループが、なり行きで一緒に生活することになったそう。「家賃を節約できるし、男女混合生活は、何事もやり過ぎないバランス感覚やポジティブな緊張感が生まれるので快適です」とジュリアさん。夜は騒音を出さない、汚したものは片付けるなど、各自が常識範囲内で生活しているので、トラブルもなし。共同生活のルールも特になく、料理や掃除などは自由気ままにやる、とリラックスなスタンスです。

　「先日のパーティーには百人以上集まり、家の中にテントを張って朝方まで盛り上がったわ。クリスマスは、リビングをシアターに変えて手作り劇を披露したのよ。ここでのシェア生活を通じて、友達の輪がグンと広がっているわ」とジュリアさん。生活スタイルや価値観の違う仲間が、何となくリビングに集まって、一緒に過ごすひとときは5人にとってのハッピータイム。NY流の共同生活を心から楽しむ若者たちのリアリティが伝わってくるようです。

Living

1 サムとライアンが使うギターはショップ風に壁にディスプレイして、見せる収納。2 空間をリュクスに使ったリビング。自然な風合いのフローリングに趣のある家具を置き、光を浴びながらくつろげるレイアウトにしている。3 リビングのトーンがナチュラル＆ニュートラルなので、ソファに添えるファブリックは、温かい色味やポップな柄物を選択。小物はフリーマーケットで購入したものが大半。4 各自の自転車の横には、ヘイリーさんが撮影で使ったファンキーな装飾を施した白い自転車も壁掛け。これで立派なインテリアに変身。5 テーブルには小石、アロマ入れ、グリーンなど、心を癒してくれる雑貨を置いて。

Bedroom

Ryan's

1,2 ライアンさんはデッサン、イラスト、写真などを、白壁に気ままにピンナップ。一風変わったオブジェや自作の写真にも個性が溢れる。**3** ロフトベッド下に「マイスペース」を作ったライアンさん。**4** アンティーク風の木製テーブルに丸い鏡を置き、壁にはカラフルなファブリックを飾ったジュリアさん。アクセ類は太い枝に掛けて収納。大きめのネックレスがすっきりまとまり、見た目もきれい。**5** ヘイリーさんはロフトの下に洋服を見せて収納。小物は壁に造り付けた木棚に。**6** 鍵やアクセ類は、ラブリーな白い小皿に入れて整理整頓。

Julia's

Hailey's

Bathroom

1 場所はブルックリンにある元倉庫街のブッシュウィック。芸術家やクリエイターが好んで移り住むアーティスティックなエリア。**2** 共有のバスルームはユニセックスな白でシンプルにまとめて。

Kitchen

1 大勢で使えるキッチンはゆったりとした作り。鏡、はしご、不揃いな椅子をランダムに置いた、無造作でクールな装い。料理好きはヘイリーさん、きれい好きなのがライアンさんだが、料理や掃除の当番などは特になく、気が向いた時にするのが基本。**2** ビンテージ瓶や緑を添えて温かさをプラス。**3** ジュリアさんのお気に入りのビンテージ風の鏡は、ヘイリーさんのダイニングテーブルの上に置いて。

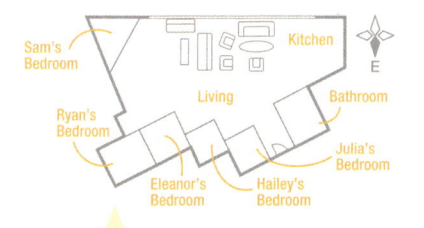

Layout 一面が窓の広々としたリビングの周りに5つの部屋がある。後で増設した窓際のサムさんの部屋を除く4つの部屋にはロフトベッドを作り、狭いスペースを有効活用。入って右手が共有のバスルーム。リビングとキッチンをつなげて、のびやかな空間を創り出している。

Point 人数が多いので、リビングにソファセットを2カ所設け、「くつろげる場所」の選択肢を増やしたのが特徴。自然の木目を生かしたニュートラルな色彩をベースに、明るい色味のファブリックをアクセントとして活用。ビンテージ家具やグリーンを置いて空間にメリハリをつけている。

Sharing Data

Name：ジュリア・ブレイ Julia Bray
Occupation：女優&ライター　**Age**：26
Gender：女性　**Origin**：オレゴン（アメリカ）

Sharing with

ヘイリー・デジャダンズ Hailey Desjardins
Occupation：アパレル・デザイナー　**Age**：25
Gender：女性　**Origin**：ロードアイランド（アメリカ）

エレノア・ブレイ Eleanor Bray
Occupation：TV番組制作会社に勤務　**Age**：22
Gender：女性　**Origin**：オレゴン（アメリカ）

サム・リッチャー Sam Richer
Occupation：ミュージシャン　**Age**：28
Gender：男性　**Origin**：ニューヨーク（アメリカ）

ライアン・ペトラス Ryan Petrus
Occupation：カメラマン　**Age**：26
Gender：男性　**Origin**：ニューヨーク（アメリカ）

Years of sharing：1年　**Size (square feet)**：1,200

舞台女優で、芝居の脚本も手掛けるジュリアさん（写真右から二番目）と、有名なトーク番組の司会者デイヴィッド・レターマンの番組制作に関わるエレノアさん（写真一番右）は仲良し姉妹。ロックンローラーのサムさん（写真中央）と、NYをベースに活躍するフリーランスカメラマンのライアンさん（写真一番左）は学生時代からの旧友。ヘイリーさん（写真左から二番目）は、ファッション業界で活躍中。部屋を探していたサムさん、ヘイリーさん、ライアンさんの3人組と、姉妹が一緒に同居することになった。

Customized Rooms 05

室内なのにアウトドア感覚?
不思議いっぱいの手作りハウス

テリー・チャオ Terri Chiao (写真右) ［建築家&アーティスト｜32歳］

Sharing with **アダム・フレーザ**(写真左)

キャンプ場やスキーロッジを思わせるナチュラル派のシェアハウスは、まさに家自体が巨大なアート作品のよう。芸術家である二人の感性の結晶ともいえる、とてもクリエイティブな住空間です。

空洞ロフトの床を張り替えて天井と壁を塗装。図面を引き、モデルを創って、家の中に三角屋根のキャビンとツリーハウスを作り上げました。「単に仕切りを建てて、普通の四角い部屋を作るのはつまらない。色々と考えていたら、ウッディな二つの小屋を室内に創るという発想がひらめいたの」とテリーさん。

低い部分に覗き込める窓を作ったり、木の棒にハンガーや植物を掛けたり、童心に帰って楽しめるインテリアが目を引きます。また、小屋は色をつけず木目を残し、アクセや洋服は木の梁に掛けて収納。古風なレンガ壁や木の素朴な味わいを最大限に生かした、ナチュラル志向のデザインも印象的です。

一方、時間による光の移動や、窓から入る風や香りも楽しめる表情豊かなリビングはくつろぎの場。巨大な観葉植物をドンと中央に置き、カウチはあえて斜めに設置。その周りを植物で囲むアイデアのモチーフになったのは「なごみの森林」だそう。その場にいるだけで心身が癒されそうです。

大半は手作りだという個性溢れる棚やテーブルには、空き缶や瓶に緑を挿して並べたり、シュールなお手製の雑貨を飾ったり。二人の創造力は尽きることがなさそうです。

1,2 細い板を組み合わせた三角棚に、粘土などで手作りしたキュートな小物を添えた個性的なディスプレイ。**3** ロフト下にあるデッドスペースを有効活用するため、台形のテーブルを手作りし、グリーンを並べたナチュラルセクション。日当りが良く植物を育てるには最適なスポット。家中に溢れる植物のケアは数時間かけて二人一緒に行うそう。**4** 無垢な味わいを醸し出す木を使ったオーガニックなインテリア。入口正面から見て斜めに配置した手作りテーブルの上に、サボテンの植木鉢を一列にアレンジし、カントリーな雰囲気を演出している。丸い光を落とす照明でムードもアップ。

Living

1 椅子とグリーンとソファを丸く並べ、空間の真ん中に創ったリビングセクション。ソファや椅子にはカラフルな柄のファブリックを添えて。**2** 土のボールに赤い紐を巻き付けた手作りの植物。モビール飾りのように長さを変えて天井から吊るしている。**3** ベッド下の木の梁に高さを変えて釘を打ち、ネックレスを飾って見せる収納。めがねやリボンはさりげなく置くだけでインテリアに。**4** 透明な光や風が流れる部屋の中心に、椅子と植物を丸く並べ、くつろぎ空間を演出。テーブルは置かず、床に敷いたカーペットに直に座るキャンプ風のスタイル。可愛い三角屋根の手作りキャビンならではのぬくもりが広がる。

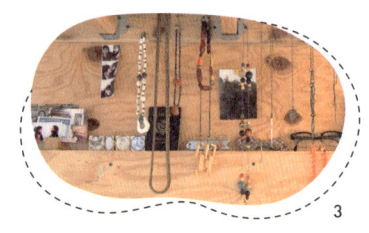

Living

1 趣のある古びた柱に電球コードをクルリと巻き付け、ランタン風の手作り照明をプラス。**2** 大小さまざまな絵や写真を散りばめて壁の一部をギャラリー風にアレンジし、レコードと電球で作ったお手製ランプを吊るして光をプラス。鏡を立て掛けて、映り込むシーンまでもアートのように見せるのがおしゃれ。**3** 壊れた椅子は捨てずに座面をはずして、立派な植木鉢カバーに。**4** ブロックのように積み上げてアシンメトリックなフォルムにした個性的な本棚。小物やグリーンを添えて絶妙なバランスをキープし、間接照明の光で遊び心も加えて。

Adam's

Bedroom

1 木の香りが漂う三角キャビン内。壁紙のように美しいナチュラルな木目を生かし、あえて何も飾らずシンプルに。2 リビングと窓の向こうの景色が見渡せるように切り抜いた、キャビンの下の四角い窓。子どものような遊び心を感じさせながら、キャビンの閉塞感を払拭するクリエイティブなアイデア。3 キャビン内のベッドカバーやソファには、ナチュラルな緑色のエスニック柄をチョイス。4 手作りの木棚には異なる花器のグリーンを並べて。壁のアートにスポットライトを当ててムードを演出。

Terri's

テリーさんのツリーハウスはシンプルで端正な装いに。キャビンと同じく四角い窓から、リビングを見下ろせる。

Kitchen

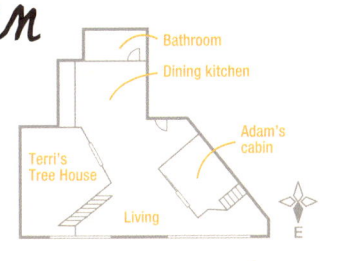

```
          Bathroom
          Dining kitchen
                    Adam's
                    cabin
Terri's
Tree House
          Living
                         E
```

Layout 広大なリビング&台所の右手にツリーハウス(テリーさんの部屋)を建造し、その下はアトリエ&収納スペースとして活用。左手の三角屋根のキャビン(アダムさんの部屋)は広めの間取りで、窓際にはグリーンを飾り、テーブルを置いてカフェ風に。ダイニングの横にバスルーム。

Point「型破りの空間を自由奔放に作る」というスタンスが全ての出発点。「全て見せて飾って楽しむ」のがインテリアの基本方針。カフェ風、リビング、キャビンなどの異なるセクション作りと、ぬくもりのある多彩な手作り品が個性的。グリーンをインテリアの重要要素と捉え、空間のあちこちに散りばめてナチュラル感を演出。多数のアイテムを、抜群の美的センスでレイアウトしている。

1 テーブルの脚を黄色く塗り、椅子は不揃いに。ただ、材質を全てウッディにすることで、統一性とバランス感をキープしたのはお見事。食卓上の照明は、高さを自由に変えられるのが便利。テーブル上でまどろむのは愛猫のブーちゃん。**2** 台所棚の上にはハロウィン時に活躍するお化けの飾り物をディスプレイ。カラフルな台所小物は戸棚の下に掛けて収納。**3** 白壁の細長い木棚は全て手作り。上段には、高さを調整しながら多種多様な空き缶や瓶を並べ、所々に一輪挿しのグリーンでアクセントを。2段目は小物、3段目は調味料やお茶、4段目は薄い本と種類別にディスプレイ。**4** 二人の住む古い元工場のビルの中には、シェアハウス目的の人も多数入居している。

Sharing Data

Name: テリー・チャオ Terri Chiao
Occupation: 建築家&アーティスト **Age:** 32
Gender: 女性 **Origin:** アトランタ(アメリカ)

Sharing with
Name: アダム・フレーザ Adam Frezza
Occupation: アーティスト **Age:** 37
Gender: 男性 **Origin:** ニューヨーク(アメリカ)

Years of sharing: 2年半
Size (square feet): 800

建築を勉強し、アーティストとしても活躍しているテリーさん(写真右)と、同業のアダムさん(写真左)。二人のコラボにより、オリジナルのアート、彫刻、グラフィックデザインなどを多角的にプロデュースしている。将来的には大きなスケールのストリートアートを企画中。二人でデザイン・スタジオ「Chiaozza(チャウザ)」を運営。
www.chiaozza.com

Column 1
Lights

シェアハウスで見つけた！
ナイスな照明たち

ビンテージから、手作り、スタイリッシュなものまで。
スイッチを入れると、空間も心もハッピーにしてくれそうな光を集めました！

拾ったマネキンに、黒いシェードを頭のように飾りつけて照明に一変したアイデアが斬新。P30マリサ

向きや高さを変えたデザイン、丸みを帯びたフォルム、クローム素材の光沢感がレトロポップ。P88アリサ

緩やかな曲線がヒーリング効果も併せ持つ、東洋のエスプリが漂う「IKEA」の竹細工照明。P48ブラッド

ウォッシュ加工により絶妙な色褪せ感を出したアンティークなルックで、独特の味わいをもつ。P116麻理

自分で組み立てる「リンジー・アダルマン」の照明は、広がりのあるデザインが個性的。P20ティファニー

白鳥の翼をモチーフにした照明。アシンメトリックな形状で空間にインパクトを与えている。P94ハン

「アンソロポロジー」の照明は、エスニック調のデザインとモダンなシェイプが印象的。P112マーニ

ミッドセンチュリーのビンテージ照明。シンメトリックで安定感があり、見た目も優雅。P88アリサ

白い鳩と柔らかいカーブを描いたスタンドとシェイドの組み合わせで、芸術品のような趣きに。P52ジュリア

リスのデザインが可愛い照明はシェイドをつけずに。幻想的な光が、ぬくもりを与える。P80ミリアン

ヒップな新鋭ブティックホテルにあるようなシャープでモダンな照明は、アーバンな空間に合う。P42リハナ

レコードと電球を合わせた新鮮な発想の手作り照明。天井から吊るしてスタイリッシュに。P56テリー

☆ 060 ☆

Artistic Rooms

アーティスティックな部屋

ビビッドカラーで彩られた壁には額縁に収められた絵画、
家の四方八方にオブジェやアートが目白押し……。
芸術に囲まれたシェアハウスには
取り入れたいテクニックがたくさん。
自由の国の中心地で洗練された世界標準の美を感じましょう。

Artistic Rooms 01

色鮮やかな手作りアートが創造力をかきたてる部屋

カラエ・ハッセル Kalae Hassel ［ミュージシャン｜25歳］

Sharing with **オティス・ジョーダン**

　キッチンはピンク、ベッドルームは黄色、リビングはアクアグリーン……。壁をビビッドなカラーで彩り、空間ごとに独自の個性とムードを創り出したカラエさんのシェアハウスは、まさにクリエイティビティの宝庫。雑誌の切り抜きをコラージュしたテーブルトップ、カセットテープやLPなど音楽をモチーフにした手作り雑貨、神秘的なアジアのクラフトなど、個性的なアイテムが溢れ、大都会ならではのアップビートなエネルギーを放っています。ミュージシャンである彼女にとって、感性に響くアートやオブジェに囲まれた住環境は極めて大切。質感や色柄の違うものをダイナミックに交差させたモダンな空間に、古びたピアノや趣のあるレトロ家具をしなやかに共存させて、独特の風合いを紡ぎ出しているのも素敵です。

　2年前からシェアをしているオティスさんとは、色々な価値観を共有できる関係。「1日の終わりに気楽に話をできる相手がいるのはやはり最高ね」とカラエさん。シェア生活のルールは一切なしと、ライフスタイルもお互いの距離感をキープして、個々の自由を尊重するカジュアルモード。でも、部屋のデコの主導者はあくまでもカラエさん。「インテリアは、住む人のキャラクターや生き様を反映する鏡のようなもの。だからこそ、既成概念にとらわれず常に新しいエレメントを付加しながら、アーティスティックな心地よい空間を作り続けていきたいわ」

Living

1 同じビルの住人から譲ってもらった1904年の中古ピアノに向かうカラエさん。古いので鍵盤のいくつかは壊れているものの、良いメロディーを思いついた時などは、このピアノで作曲をするそう。**2** エスニックやアニマル柄が大好きな彼女のセンスが反映されたリビング。テーブルトップは雑誌から好きなイメージや言葉の引用を切り抜いてコラージュし、その上にガラスを置いた自作品。リビング内で一番愛着のあるアイテムだそう。**3** 本類は背表紙が黄色や白系は上段、赤や紫系は下段と色分けして整頓。**4** 神秘的な音色を奏でるアフリカのレアな民族楽器も、壁に飾ってインテリアの一部に。**5** 大きな額の中に複数の小さな枠をランダムに入れるアイデアがユニーク。**6** ミニチュアの竹飾り、仏像、木彫りのオブジェなど、ヒーリング雑貨を集めたセクション。さりげなくグリーンも添えて。

Kalae's Bedroom

1 ストリートで拾ってきたビンテージ風の威厳と存在感のある赤い椅子が空間のアクセントに。2 キュートな愛猫のガトちゃん(スペイン語で猫という意味)。

透け感のあるカーテン使いや、一面の壁を黒板にしたアイデアが新鮮。気分に応じて好きな絵を描いたり、空白にしたりと自由に変えられるのがメリット。赤や青のポップカラーの家具を置くことで、ポジティブで陽気なムードを演出している。

1 蛍光塗料を使って自分で描いた天井デザインは、暗闇で仄かに光る仕掛け。赤いキャンドルホルダーは、人気の雑貨店「アーバン・アウトフィッター」で購入。ムード作りに黒いキャンドルを入れるのがコツ。**2** 古いCDにも得意のコラージュを施すのがカラエさん流の芸術。**3** 手作りの収納ボックスに、華やかな金色の蝶のアクセントを付けてデスク上に。**4** デスク周りには、古いレコードやカセットをリユースした個性的なアイテムを装飾。「ビジョンボード」には、絵はがき、手紙、イヤリングなど、好きなアイテムを気ままにピンナップ。

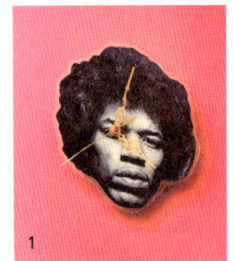

Kitchen

1 カラエさんが崇拝するミュージシャン、ジミー・ヘンドリックスの顔写真を時計に。2 タイのお土産やフリーマーケットで見つけた雑貨を飾って。3 大切な人たちとの優しい思い出が刻まれたモノクロ写真は手作りの額縁に入れてディスプレイ。インパクトのあるピンク色の壁にも負けずに映える。4 活力が溢れるピンクに彩ったキッチンには、レトロ広告、有名なゴッホの絵画、自分の幼少時の写真など、カラエさんの好きなものをレイアウト。カトラリーなどを額縁に入れて、絵画のように見せるアイデアは画期的。

Hallway

1 道端で拾ってきた懐かしのカセットテープは、カラフルに染めてディスプレイ。**2** 白壁を鮮やかに彩る写真やポップアートにカラエさんの感性が光る。**3**「壁画パーティー」を開催し、10人以上のアーティストや仲間を集めて一晩かけて描いたという自慢のウォール。ストリートアートのような型破りなデザインに興奮。**4** リビングの窓越しの向こうに古風な建物や青々とした緑が見える。

Layout 場所は「マンハッタン・バレー」と呼ばれるコロンビア大学近くのアッパーウエストサイドの住宅街。玄関から入って左手が収納力に優れたクローゼット、右手がキッチンで、狭い廊下の左右に2つの部屋がある2BDのアパート。窓越しに街並みや木々を臨む広いリビングが魅力。

Point 音楽、動物、ファッション、アートなど好きで収集したものや、自ら作ったテーブルトップや小物などをダイナミックに飾っている。枠にはまらない大胆な色使いやデザイン、自分だけの世界をインテリアで体現した部屋。枕カバー、サリー、彫像など、アジア文化を反映したエスニック調の小物もアクセントとして活用。

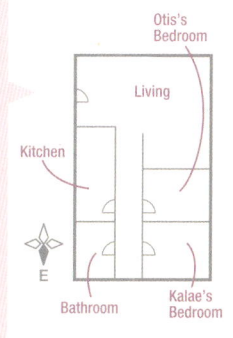

Sharing Data

Name：カラエ・ハッセル **Kalae Hassel**
Occupation：ミュージシャン　Age：25
Gender：女性　Origin：ニューヨーク(アメリカ)

Sharing with

Name：オティス・ジョーダン **Otis Jordan**
Occupation：レストラン勤務　Age：30
Gender：男性　Origin：ニューヨーク(アメリカ)

Years of sharing：2年
Size (square feet)：不明

カラエさん（写真）はハーレム出身の生粋のニューヨーカーで、ラップ、ヒップホップ、ジャズなどをミックスしたスタイルが定評のミュージシャン&アーティスト。NYの有名なライブハウスをはじめ、海外ツアー、作曲、MCなども行う。詳しくはwww.kalaenouveau.com
友人のオーティスさんはNYの人気レストランに勤務。スポーツやフードに精通する彼もまた生粋のニューヨーカー。

Artistic Rooms 02

アーティスト同士の感性が響き合う
自由でゴージャスなシェアルーム

ジェナビーブ・ハンター Jenaveve Hunter ［アーティスト｜34歳］

Sharing with **G・アラモ**

　ストリートアート好きのジェナビーブさんが、仕事仲間のアラモさんと過ごす部屋は、まるで大人のおもちゃ箱のよう。自由な発想で彩られた空間はエキサイティング＆ハイテンション。部屋のあちこちに飾られたアバンギャルドな絵画や、床に雑然と立てかけた額縁に、二人のアーティスティックな感性が表れています。

　大窓から燦々と差しこむ光の帯の美しさに一目惚れして、このアパートを即決したジェナビーブさん。無機質な白壁を鮮やかな緑や青に塗り替え、ポップな雰囲気にガラリと一変。四方の壁をお気に入りのアートで埋め尽くしました。装飾アートはフェミニンな表情をモチーフにした彼女の自作や、地元アーティストのものが大半ですが、ネット等で斬新なアイテムを模索し、ムードに応じて飾る作品を変えて気分転換をすることも多いそう。「好きなアートに囲まれていると幸せ」とジェナビーブさん。一方、家具や雑貨類はいただき物の中古ばかり。台所の冷蔵庫やコンロまでインテリアの一部にしてしまうのもさすがです。

　ボヘミアンなブルックリンという街の性質上、ルームメイトは相手も人数もよく変わりますが、新しい人との出会いがあるので、あまり気にならないとか。「なりゆきに任せる、楽観的な生き方が私のスタイルだから」とジェナビーブさん。自由と芸術をこよなく愛する彼女となら、常に刺激に満ちたシェア生活が送れそうですね。

Living

透明のガムテープをグルグルと巻いて創った脚のオブジェを天井からロープで吊るした、エキセントリックなデコが目を引く。緑に塗った壁にはイラストを飾り、合間には羽ばたく鳥のアクセントを添えて。古びたアンティーク風のテーブルに置かれたウッディな置物は、強い大地のエネルギーを感じさせる。

1 前ページでも紹介した脚のオブジェはジェナビーブさんの自作。女性特有の太腿に感銘を受けた作品。窓から流れる微風でしなやかに揺れ、空間にリズム感を生んでいる。**2** 年季の入ったソファに友達からもらったセクシーな唇モチーフのクッションを添えてインパクトを。

Living

3 バランスボールを半分に切り、鮮やかなシルクの花びらを散りばめたシェードが特徴の手作りランプ。**4** ハロウィンの衣装用に作ったキッチュな雑貨類をアクセントに。**5** 形やサイズの異なる額縁類はランダムに床置き。整頓しすぎないラフなスタイルが彼女流。大きなスペースを占めるかがんだ女性の絵画も彼女の作品。時間をじっくりかけて描いたとのこと。

☆ 070 ☆

Kitchen

1 生活感を極力抑えた小粋なキッチン。調味料や食材は木箱に一列に並べて整頓。**2** 鏡にはペンで殴り書き。意味は商業主義への皮肉だそう。床にさりげなく立てかけてインテリアの一部に。**3** 母親が台湾人なので東洋芸術は大好きというジェナビーブさん。ほおずき、仏陀の置物、ミニチュアの竹など、和の要素を絶妙に取り入れて、シックな装いにしている。

Bedroom

1 チャイナタウンで購入した異国情緒溢れる傘を吊り、空間に意外性を。**2** アクセや小物類は一カ所にまとめて見せる収納。**3** 日当り良好なベッドのカバーはガーリーなパステル調をチョイス。**4** アトリエとしても使う空間には、作品作りにも活躍する大きめの重厚なテーブルを配置。壁は爽やかなブルーで彩り、多彩な絵画を自由奔放にディスプレイ。見ているだけで心が潤い、活力が生まれる芸術品を飾るという。二匹の犬用のケージはテーブルの下に。

Jenaveve's

Alamo's

1 色味を抑えた落ち着いた雰囲気のアラモさんのベッドルーム。幻想的なコラージュとベッドに掛けたキルト風のブランケットが不思議とマッチ。2 個性的なデザインのアートを飾り、デスクには柔らかい光のランプを添えてムード作りを。3 ウェアハウス (倉庫) だったビルの屋上テラスは住民が自由に利用できる。ジェナビーブさんも、息抜きや愛犬の遊び場として活用。なぐり書きされたグラフィティがいかにもブルックリンらしい。4 ジェナビーブさんが溺愛する仲良しの二匹の大型犬、ヘンリー君とシーマス君も、広々としたロフト空間を楽しんでいるよう。

Sharing Data

Name: ジェナビーブ・ハンター Jenaveve Hunter
Occupation: アーティスト **Age**: 34
Gender: 女性 **Origin**: テキサス (アメリカ)

Sharing with
Name: G・アラモ G. Alamo
Occupation: 音楽プロデューサー **Age**: 35
Gender: 男性 **Origin**: ニューヨーク (アメリカ)

Years of sharing: 3ヶ月 **Size (square feet)**: 1,000

スパニッシュハーレムで高校教師をした後、現在はフリーのアーティストや撮影アシスタントとして活躍中のジェナビーブさん (写真) は、絵画、写真やアートを使ったコラージュ、彫刻などが得意。シェアメイトのアラモさんは多彩なジャンルのビデオやTV番組などの音楽を手掛けるプロデューサーとしてNYを拠点に活躍し、多忙な生活を送る。

Layout 大窓から陽光が注ぐリビングの奥が彼女のアトリエ&寝室。ベッドは窓際にアレンジ。左手のアラモさんの部屋の横にロフトのベッドルームを造り、もう一つシェア用の部屋を用意。格子状の窓枠のデザインや、広々とした開放感のあるリビングスペースが魅力。

Point 既成概念にとらわれない自由な発想のデコラティブな空間作りに注目。また、ロフトアパートならではの高天井の利点を有効に使い、天井から多様なアイテムを吊るして空間に立体感を創出している。意外な素材で創られたマニアックなオブジェを飾っているのもユニーク。床や家具はウッディな質感を大切にしている。

Artistic Rooms 03

大人ガールのエスプリが効いた
アーバンライフを満喫できる部屋

野尻芽美 Memi Nojiri (写真左) ［アーティスト&デザイナー｜29歳］

Sharing with **ツアナ・スミセン**(写真右)、**シャリヴァ・ローガン**

　小粋なバーで出会った芽美さんとツアナさん、そしてツアナさんの従姉シャリヴァさんの3人のシェア生活がスタートしたのは約1年前。優しい気遣いとほど良い距離感、レント節約など、シェアハウスのメリットは尽きないという芽美さん。ツアナさんも「いつも変わる芽美のリビングのアートは素敵だし、美味しい日本の家庭料理を食べられるのは最高よ」と楽しそう。天気の良い日には、ビルの共有スペースの屋外テラスで一緒に食事をすることも多いそうです。

　シンプルなリビングとは一転し、芽美さんの部屋はラブリーな装い。「寝室と仕事場を白いファブリックでさりげなく区切り、オンとオフのメリハリをつけました」と芽美さん。ベッド周りにはNYの写真集や本をギャラリー風に並べ、チェーンライトで仄かな明るさをプラス。サングラスや帽子などの小物は、ショップ調の「見せる収納」に。スープやキャンディの空き缶を花器やアートに一変させるアイデアも斬新です。

　ワークスペースは使いやすさを最重視。ツール類は手作りの飾り棚に、クリップや画鋲は「IKEA」で買った丸缶に、ペン類はブリキ缶に色分けして整頓と、気の利いた収納テクはさすがです。作品制作に使える可愛い木箱や小瓶などを蚤の市で探すのも大好きだという芽美さん。NYのエスプリが効いた彼女の新しいアートが、住空間に新たな彩りを添えていきそうです。

Bedroom

Memi's

1 仕事で使う小物を色や種類別に仕分けし、デスク前にディスプレイして整理整頓。はさみやハケ類も飾って見せて。使いやすく見た目も美しい賢い収納で仕事もはかどりそう。 2 おしゃれなキャンディやアンチョビの空き缶に、アルファベットブロックでメッセージを創るというアイデアが素敵。 3 作品の下絵は壁にピンナップすることが多い。ちなみに、実作品はマンハッタンのカフェに飾られているとのこと。 4 フレームにカギ穴を開けて、中をのぞくと向こう側に女性が見えるミステリアスな自作アートも壁に飾って。

Memi's

Tujuana & Sherheba's

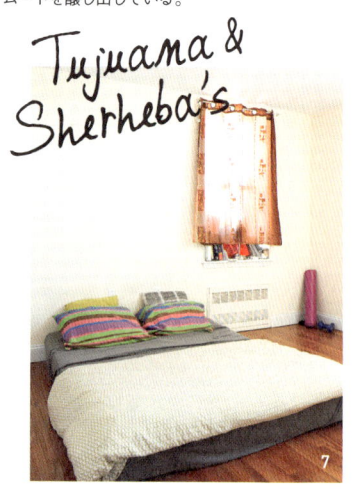

Bedroom

1 ベッド周りは壁棚をスマートに使ってクリーンな装いに。2 お気に入りの小物やアクセはブティックのように白壁に飾って見せている。3 サングラスを紐に吊るして飾るアイデアは真似できそう。4 豆の空き缶に人参の葉を挿した誰でも簡単にできるナチュラルな飾り付け。後ろには育てやすい、幹がねじれたパキラの木を添えて。5 ベッド周りに取り付けた棚には、インスピレーションが湧く写真集をギャラリー風に立て掛けて。6 アンティークのシガーケースは置くだけで素敵なデコに。7 ツアナさんのシンプルな部屋は、透り感のあるカーテンと明るい枕カバーでフェミニンなムードを醸し出している。

Living

存在感のある芽美さん自作の女体アートに、ひときわ目を奪われる。ソファとパーティー時に大活躍する大きなスピーカー以外、不必要な家具を置かないシンプルさ。

1 外のテラスで食事やお茶を楽しめるのも、このアパートのメリット。大人数でパーティーをすることもあり、友達の輪が広がっている。2 窓の外には閑静な住宅街であるブルックリンのフラットブッシュの街並みが広がる。

Sharing Data

Name：野尻芽美 Memi Nojiri
Occupation：グラフィックデザイナー&アーティスト
Age：29　**Gender**：女性　**Origin**：日本

Sharing with

Name：ツアナ・スミセン
Tujuana Smithen
Occupation：秘書　**Age**：26
Gender：女性　**Origin**：アメリカ領ヴァージン諸島にあるセントトーマス島

Name：シャリヴァ・ローガン
Sherheba Logan
Occupation：身体障がい者ケア
Age：26　**Gender**：女性　**Origin**：アメリカ領ヴァージン諸島にあるセントトーマス島

Years of sharing：1年
Size (square feet)：700

NY生活3年目の芽美さん（写真左）は油絵が専門のアーティストで、日本では花のアレンジを手掛けていたそう。現在は、ロゴ、チラシ、ウェブ等のグラフィック・デザインの仕事が中心。ツアナさん（写真右）は弁護士事務所の秘書、シャリヴァさんは身体および精神障がい者をケアする仕事に従事。

Layout ジム、ランドリールーム、屋外テラスなど居住者が利用できる共有施設が充実したアパートビル5階。入口近くの広めの部屋がツアナさんとシャリヴァさんで、リビング奥が芽美さんの部屋。収納スペースも多く便利な間取りになっている。

Point 一つの部屋の中で、仕事場と寝室をさりげなく区切るなど、美と実用性が共存したインテリア。何がどこにあるか一目で分かるように、デスク周りは色や種類別に収納。日常使いの雑貨やアクセは飾って見せている。

	Tijuana and Sherheba's Bedroom
Living	Kitchen
	Memi's Bedroom

> Artistic Rooms 04

「好き」をつきつめた結果
空間が小さな美術館に!!

ミリアン・キャスティロ Miriam Castillo （写真右）　［ アーティスト｜33歳 ］

Sharing with **ショーン・マックギボニ** （写真左）

「The soul of the person belongs to the place where he/she is living（住む人の魂は、住む場所に宿る）」というミリアンさん。家は住人が創るリアルな美術館。完璧さや統一性を追求せずに、「自分が本当に愛おしく思うもの」だけをキープするのが、素敵なインテリアの原点だと彼女は主張します。彼女のアパートはまさにこれを体現しているかのよう。

部屋が電車の車両のように列になってつながる「レイルロード様式」と呼ばれる間取りのアパートには、多彩なアートが散りばめられ、まるで小さな美術館の装い。「居心地の良さ」と「好き」を基準に収集したものを、芸術家ならではの天性の美的センスで、自由に飾りつけています。特に「好奇心ウォール」と自称する壁の装飾は圧巻。手作り品、旅のお土産、贈り物など、思い出やストーリーが刻まれたアイテムを所狭しとディスプレイ。壁全体が一つの芸術作品となっています。

「白い壁は巨大なキャンバス。全く関連性のないオブジェを並べることで、アンバランスの持つ魅力や隙間が創るニュアンスを発見することもあるわ。統一感やバランスを考えすぎないこと。型にはまらない自由な発想が大切ね」とミリアンさん。

ルームメイトのショーンさんや仲間たちと個性のある家具や雑貨を作ったり、窓際の植物を手入れすることが最も充実する時間の使い方だというミリアンさん。アートのようにインテリアを楽しむ姿勢、勉強になります。

1 陽だまりキッチンのミニテーブルでカフェタイム。壁の青い動物アートは、ミリアンさんが一般向けの展示会で発表した壮大なコラージュの一部。 2 壁の一部にミリアンさんのデザインした壁紙を貼って、賑やかな空間に。 3 色使いがメキシコを思わせるような存在感のある椅子。デザインから生地張りまでミリアンさんの手作り。 4 アンティークのラジオに、お気に入りのレコードプレイヤーを合わせて、ノスタルジックな雰囲気に。 5 イラストに下からライトを当ててムード作り。

Living

Kitchen

1 遊び心溢れるアートの一環、天井から吊るされた鳥のオブジェ。**2** 植木鉢の周りに小さなフィギュアを飾って。一つのストーリーが見えてきそうなディスプレイ。**3** スピーカーを改造して取っ手を付けた、二人が合作した照明。**4** ガス台上や戸棚の下に緑の棚をプラスし、調味料などをきれいに陳列。二人とも料理が得意とのこと。

1 手作り棚、ラジエーターの上、フレームから吊るして……。キッチンの窓辺に爽やかなグリーンのセクションを設置。**2** 動物、景色、サイン、友達など、お気に入りの写真をコラージュしてドアー面に装飾。無機質な冷蔵庫も立派なアートに。**3** ドアの上にも棚を作り、愛読する料理本を陳列。**4** 木のフレームに入ったモノクロ写真はショーンさんの母親が小さかった頃のもの。

Bathroom

スピーカーや明るいネオン照明を、ユニットバスの窓際にアレンジ。シャワータイムも楽しくなりそう。

Bedroom

1 レトロ風の瓶を使った小物や動物をモチーフにしたオブジェがキュート。2 アンティークのタイプライターはブックエンドとして活用。3 木箱を壁に取り付け、雑貨店風にディスプレイ。上下の絵でバランスを図っている。4 ダークな色味のカーテン、デスク前のグラフィカルなモノクロの壁紙で、クールでアーバンな雰囲気に。

Shawn's

1 ミリアンさんの「好き」をランダムに並べ、壁全体を巨大なアートにした「好奇心ウォール」。一番のお気に入りは？ と聞くと、「私にとってすべてが愛着のあるもの」との答えが。2 ガレージセールで購入したお買い得の骨董テーブルは20ドル。3 ベッドに添えたクッションは、デザインから刺繍まで全てお手製。

Miriam's

Sharing Data

Name：ミリアン・キャスティロ **Miriam Castillo**
Occupation：アーティスト　Age：33
Gender：女性　Origin：メキシコ

Sharing with
Name：ショーン・マックギボニ
Shawn McGibboney
Occupation：ライター　Age：41
Gender：男性　Origin：ニューオーリンズ（アメリカ）

Years of sharing：5年　Size (square feet)：800

ミリアンさん（写真左）は、ウェブやビジュアルデザイン、油絵、イラスト、テキスタイル、美術展示など、マルチに活躍するアーティスト。世界各国のギャラリーで作品を広く発表している。http://miriamcastillo.com

ショーンさん（写真右）は個性的な作品を手掛けるライター＆アーティストで、副業で教師も務めている。

Layout 入口の正面がメインエリアのキッチン＆リビングで、右手にバスルーム。レイルロード式に2つの部屋がつながった間取り。窓に面したリビングは明るいが、中央のミリアンさんの部屋は窓がないので、照明を工夫している。

Point 色や素材を絞らずに家具や雑貨を自由に組み合わせただけでなく、壁一面をアートで埋め尽くす、額縁の下からスポットライトを当てる、アートや小物をグリーンと合わせるなど、数々の演出が見られる。

≡ 083 ≡

Column 2
Chairs

シェアハウスで見つけた！
グッドな椅子たち

椅子は存在感を生み、空間をひきしめます。
多彩な色やフォルムをもつ個性派デザインのチェアをピック！

座部の厚みで座り心地が抜群の手作り。配色は大胆に、背もたれのデザインはノーブルに。P80ミリアン

カウンターに合う高椅子。丸みのある背もたれとスラリと伸びた脚のフォルムが特徴。P36スティーブン

90年代初期椅子に、黒いベルベットや粗い布を合わせた、ネジまでビンテージのお手製。P8ムーン

アンティーク枠とベルベットの質感が光る洗練されたデザインで存在感のある椅子。P8ムーン

ノスタルジックな風合いのソファ。フェミニンな色味で花柄のクッションが良く似合う。P122マーニ

ハリケーンで壊れたコニーアイランドの古木を再生して特注した、ぬくもりのあるベンチ。P14ガイ

70年代のアニマルプリントの椅子。アンティークの美しさが部屋のコーナーアクセントに。P88アリサ

建築家が作業用に使用していた骨董品の椅子は座り心地抜群。高さが調節できて形もきれい。P14ガイ

安定感のある構造と上質なレザー張りが特徴。鮮やかな赤で、威厳のあるビンテージな装い。P64カラエ

レトロシックなデザインと赤白の対比が映える「イームズ」の椅子。薄い背もたれが上品。P88アリサ

Comfortable Rooms

カンファタブルな部屋

シェアハウスの神髄は、「カンファタブル=居心地の良さ」にあります。
光の入り具合に合わせて植物を置く場所を変えたり、
自分が本当に好きなフォルム、デザイン、カラーにこだわったり。
インテリアに「究極の心地良さ」を実現させるヒントがある、
それを見つけたニューヨーカーたちの、心地良い住まい、生活を覗いてみましょう。

Comfortable Rooms 01

円形モチーフが溢れる
レトロポップな4人のスペース

倉田アリサ Arisa Kurata （写真左から二番目）　［翻訳家、コーディネイター｜42歳］

Sharing with **デービッド・フー**（写真右から二番目）、**ショーン・シンプソン**（写真一番左）、
サウロ・オーランディ（写真一番右）

「NYでの女性の一人暮らしに不安はつきもの。レント節約に加え、男性との共同生活は安全面で心強いし、力仕事もお願いできる。出張中は郵便物も頼めるし、話し相手にもなってもらえて、メリットばかり」とアリサさん。マンハッタンにある彼女のアパートのインテリアは、50〜70年代の上質なレトロポップがテーマ。フリーマーケットに毎週通って集めたという当時の家具やポスターが、空間を鮮やかに、そして陽気に彩っています。

「丸い形が大好き」という彼女の好みに合わせ、照明や家具、アート作品はすべて柔らかい丸みのあるフォルム。台所とリビングを仕切る、光の反射で絶妙に光るセルロイドのモビールも、丸いシェイプを繋げたデザインで統一しています。カラースキームは赤と白。家具はもちろん、ポスターや便器の配色も赤と白、さらに白棚も内側を赤く塗り直すなど、強いこだわりを感じます。

共有スペースとは打って変わり、彼女の部屋はナチュラルなトーンのシックな装い。帽子やサングラスなど、好みで集めたものを自由に飾り、セレクトショップの店員気分で空間作りを楽しんでいるようです。

「共有スペースのインテリアは全部彼女におまかせ。その代わり、電化製品やPCの修繕などは僕たちの役割です」と微笑むデービッドさん。4人が支え合いながら住むシェアハウスは、互いの思いやりが交わるヒーリングスポットのようです。

Dining

1 70年代のアンティークであるアニマルプリントの椅子。上質な美が宿るアイテムは、コーナーに置いてアクセントに。**2** 窓枠にツルのあるグリーンをカーテンのように施し、清涼感を取り入れている。**3** 柔らかな流線型に赤＆白のコントラストが冴える「イームズ」の椅子。優雅なガラスの丸テーブルとのコーディネイトで、まるでここだけ近未来のような空間に。椅子はフリーマーケットで一脚20ドルで入手した掘り出しもの。**4** 洗練されたスタイルに仕上げたリビングはプチホテルのよう。4人の共有スペースなので、ソファやテーブルは大きめのサイズをチョイス。ポップな絵画を平行に配して、スタイリッシュに。

Living

Sean's

Bedroom

1 爽やかな青壁とベッドカバーの赤でコントラストを効かせたのみのシンプルな内装。2 扇子やイヤリングなどの小物の中に、女性の顔の置物が鎮座。感性のおもむくままにディスプレイ。3 キャビネットの上段は扉をつけず、下段の扉前には形の違うフレームを立て掛けて。4 スタンドのデザインとやや斜めに傾いたフォルムが気に入って骨董品店で購入したランプ。5 白壁に飾った古い映画のポスターは、内容ではなくデザインのセンス重視で選んだとのこと。

Arisa's

Kitchen

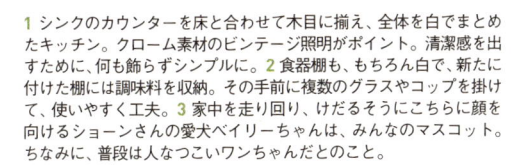

1 シンクのカウンターを床と合わせて木目に揃え、全体を白でまとめたキッチン。クローム素材のビンテージ照明がポイント。清潔感を出すために、何も飾らずシンプルに。**2** 食器棚も、もちろん白で、新たに付けた棚には調味料を収納。その手前に複数のグラスやコップを掛けて、使いやすく工夫。**3** 家中を走り回り、けだるそうにこちらに顔を向けるショーンさんの愛犬ベイリーちゃんは、みんなのマスコット。ちなみに、普段は人なつこいワンちゃんだとのこと。

Layout 最近流行のマンハッタンNoMad（ノマッド）エリアにあるアパート。エレベーターのドアを開けると、そのままリビングにつながる旧式アパートの造り。入口右手がアリサさんの部屋、左手がトイレとバス。リビングとキッチンを抜けた左奥にシェア用の部屋が3室。

Point 「形は丸、色は赤と白」という明快なコンセプトで揃えた家具や照明を、バランス良く配置。曲線的なデザインのミッドセンチュリー風の家具に、ポスターや絵画を組み合わせて50〜70年代のレトロポップのムードを演出。リビングには大きめのソファを置き、キッチンは機能性を重視してシンプルに。

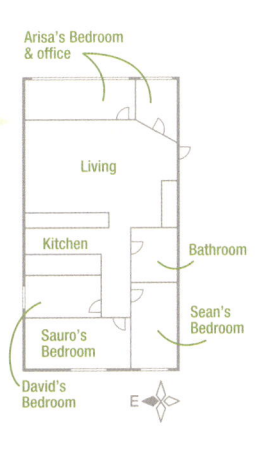

Arisa's Bedroom & office
Living
Kitchen
Bathroom
Sean's Bedroom
Sauro's Bedroom
David's Bedroom

Sharing Data

Name：倉田アリサ **Arisa Kurata**
Occupation：翻訳家、コーディネイター
Age：42　**Gender**：女性　**Origin**：日本

Sharing with
Name：デービッド・フー **David Fu**
Occupation：教育関連の非営利団体に勤務
Age：26　**Gender**：男性
Origin：ジョージア（アメリカ）

Name：ショーン・シンプソン **Sean Simpson**
Occupation：エンジニア　**Age**：26
Gender：男性　**Origin**：フロリダ（アメリカ）

Name：サウロ・オーランディ **Sauro Orlandi**
Occupation：金融系企業に勤務
Age：34　**Gender**：男性　**Origin**：イタリア

Years of sharing：3ヶ月〜3年
Size (square feet)：1600

日本語と英語の通訳や翻訳、各種イベントのコーディネイトを行うアリサさん（写真左から二番目）。教育関連の非営利団体に勤務し、音楽が趣味の中国人、デービッドさん（写真一番右）、サイクリングが好きなエンジニアのショーンさん（写真右から二番目）、イタリアから来米したばかりの金融会社勤務のサウロさん（写真一番左）と、男女4人でシェア生活をしている。アリサさんがリースホルダーで、3人のルームメイトはオンライン掲示板の「クレイグズリスト」で見つけ出したそう。

Comfortable Rooms 02

グリーンと光が詩的に交差する甘美なシェアハウス

リア・ゴーレン Leah Goren (写真左) ［イラストレーター&アーティスト｜25歳］

Sharing with **ディラン・アウズリー** (写真右)

「コンクリートジャングルの無機質なNYだからこそ、住空間には心が癒される自然のエレメントをたっぷり取り入れることが大切」というリアさん。彼女の部屋は、サボテンやアロエ、ハンギングタイプなど、大きさ、質感、形状が異なる植物でいっぱいです。緑を身近に感じられるように、柔らかい光が差しこむ窓辺にグリーンのコーナーを設置。テラコッタの植木鉢、空き缶、手作り陶器と花器にもこだわって、各植物の個性をクリエイティブに表現しています。

新鋭アーティストがこぞって移住するブルックリンのブッシュウィックという立地が気に入って、学生時代からの友人ディランさんとのシェア生活をここでスタート。二人で近所の骨董品店やフリーマーケットにフラリと出掛け、掘り出し物を探すのが大好きだそうです。「家具、鏡、タンス、椅子など全部ビンテージ。探し続けていたものを見つけた時はすごく幸せだわ」とリアさん。

カラフルな手作りアートや、大好きな猫をモチーフにした可愛い雑貨が並ぶ大人ガーリーな彼女の部屋とは一変して、共有のリビングはラギッドなスタイル。レトロなソファや、木箱や材木でディランさんが作ったテーブルが、ノスタルジックな雰囲気を醸し出しています。一方、食卓にはラベンダーやローズのドライフラワーをしなやかに添えて。ぬくもりに満ちた空間からは、二人の穏やかなシェア生活が伝わってくるようですね。

Living

1 レンガ壁とビンテージソファを絶妙なバランスで配置。**2** 木箱に1枚板を打ち付けてキャスターを付けた手作りのテーブル。ペンキを塗らず素朴な味わいを残している。**3** 蚤の市で購入したスリムなデザインのサイドボードは、狭い間取りのリビングにぴったり。**4** 手前の黒い陶器のコップは友達の手作り品。思い出の小物も棚の上に大切に並べている。**5** お手製の陶器、キャンドル、小物入れ、花瓶などお気に入りのアイテムを一列に並べてディスプレイ。

色々なものを収納できるカートは調理台にもなって便利。壁に取り付けた棚板と調理台の板の質感を揃えてバランスを取っている。普段使いのアイテムはフックに掛けて、使いやすさを重視。

Kitchen

1 ブルックリンフリーで購入した絨毯や古材製のテーブルなど、温かみのある茶系でまとめたビンテージショップのようなリビング。つい長居したくなる。**2** テーブルにはドライフラワーと香水を添えてフェミニンな優しさをプラス。

Leah's Bedroom

薄紫色の空間に、白い家具や淡い色合いの装飾アイテムをプラスし、フェミニンにまとめたリアさんの部屋。レースのカーテンから差し込む光も美しく、まるでアート作品のよう。

1 中古店で1ドルで購入した掘り出し物の猫柄クッション。ベッドの可愛いアクセントに。2 ニュートラルトーンの部屋に明るい色味を添える絵画はリアさんの自作。額縁上にはカリフォルニアの宝石店で購入した癒し効果のあるクリスタルを置いて。3 フリーマーケットで購入したビンテージの鏡と愛猫の絵は大のお気に入りだとか。4 遊び心のあるお手製のアニマル・モビールを天井から吊るし、上にも視線を運ばせるアイデアを実践。5 白椅子を配置して、リゾート地にいるかのようなセクションを創出。

1 日当りと風通しの良い東側の窓辺に多彩な植物をまとめ、爽やかなグリーンコーナーとして配置。形や質感が個性的な植物は上段に、小さな植物は中段、背の高いものは床置きと、高低と色合いもバランス重視。植物を心から愛するリアさんがお世話役。**2** 大好きな猫の絵や雑貨をにぎやかに装飾。**3** 見た人を微笑ませる愛らしいミニチュア動物のディスプレイ。時々レイアウトを変えて楽しむそう。

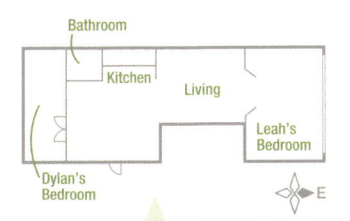

Layout 台所、リビング、寝室がつながったレイルロード様式の間取り。窓がないリビングにはキャンドルや照明で光を取り入れ、日当りの良い奥の部屋には植物を飾るなど、部屋の特性に合わせてインテリアも調整。キッチンにはテーブルを置いて、食事ができる小さなダイニング空間を作っている。

Point リアさんの寝室には自身の好きな色である薄紫を選び、心の安定を重視。また、好きな植物を集めたナチュラルゾーンや、動物をモチーフにした遊び心のあるガーリーなセクションも目を引く。こだわりのビンテージ家具に、センスの良い小物や手作りの陶器などをさりげなく添えたスタイリングもお手本になりそう。

Sharing Data

Name：リア・ゴーレン **Leah Goren**
Occupation：イラストレーター＆アーティスト
Age：25　**Gender**：女性　**Origin**：サンディエゴ（アメリカ）

Sharing with
Name：ディラン・アウズリー **Dylan Ousley**
Occupation：グラフィック・デザイナー
Age：25　**Gender**：男性　**Origin**：サンディエゴ（アメリカ）

Years of sharing：4年　**Size (square feet)**：700

商品パッケージや雑誌のカバーデザインを含めた多彩なイラスト＆パターンの作品を手掛けるリアさん（写真左）。オリジナル・デザインのスカーフやトートはオンラインでも発売中。www.leahgoren.com。ディランさん（写真右）はグラフィック・デザイナーとして、NYの制作会社に勤務。www.dylanousley.com

Comfortable Rooms 03

ルームメイトはフレキシブルに
しなやかな装いのシェアハウス

ハン・ファム Hanh Pham　[Eコマースのビジネスオーナー | 43歳]

Sharing with **カイ・ファム**

　観光客から短期滞在者まで世界各国から、期間も1日、1週間、1ヶ月と柔軟にルームメイトを受け入れているハンさん。「国籍や人種を問わず様々な人達と出会え、多種多様な価値観や文化を学べるのが楽しいですね」という彼女は、目まぐるしく変わるシェア生活を満喫しているようです。90年代にベトナムから移住し、雑然としたチャイナタウンにある築百年以上の商業ビルの一室を購入。不必要な仕切り建具を取り払い、床を張り替え、トイレやシャワーも自分で設置。一軒丸ごとDIYで、ゼロから住空間を造りました。

　一番のお気に入りのスポットは、カーテンの隙間から差しこむ透明な光に包まれたリビング。塗りムラのある天井やパイプなど当時の面影は残しながら、白壁には好きな絵画や時計を自由に飾り付け、リュクスなスペースに仕上げています。一方、壁やドアを緑や赤に塗りかえて活気づけ、所々に東洋のアートや小さな緑を添えてくつろぎを演出。さらに、鳥籠や鳩時計、カメラやLPなどのレトロアイテムを置き、空間に心地よいリズム感を紡ぎだしています。新旧の美、動と静を交差させた、個性溢れるインテリアの数々には圧倒されます。

　「住んでいるだけで多くの人に会えるのが良いわ」とハンさん。三匹の猫とチワワ犬が駆け回り、様々なルームメイトが出入りする賑やかな彼女のアパートからは、ハッピーなシェアライフシーンが垣間みえるようです。

Living

1 大窓からの陽光を浴びながら座れるソファや机の配置に注目。好きなものを厳選して白壁をアーティスティックにアレンジ。カーテンを少し低めに掛けて、上の隙間から光を入れる工夫が特徴的。木製の家具類と白い壁＆カーテンのクリーンなコーディネイトもお手本に。**2** 可愛いねずみのナプキンウェイトはフリーマーケットで購入。ナプキンと合わせて、インテリアのアクセントに。**3** 木製の鳥籠を、ラギッドな質感の高天井から吊るして個性をアピール。**4** ランプのコードにインコの飾りを添えるアイデアにはユーモアのセンスが光る。**5** 壁には恐竜をモチーフにしたモダンアートを、テーブルにはメタリックな置物や植物を飾り、神秘的な雰囲気に。ロフトにつながる壁の上には植木鉢をズラリと並べて、空間を自然に仕切っている。

Living

1 白いカーテンを使い、寝室とオフィスエリアをきっちりと仕切っている。木製のデスクはカスタムメイドのお気に入り。レコード類が収納された左下のラックは、キャスターを付けて自由に動かせる工夫を。**2** 白鳥の羽をモチーフにデザインされた個性的な照明が、空間に躍動感をプラス。**3** ヨーロッパ製の茶色の鳩時計には白いスプレーを吹きかけ、趣あるビンテージな装いに。**4** ポップな赤扉に掛けられた青い目のモチーフは、幸運を招き入れるギリシャの伝統的なお守り。

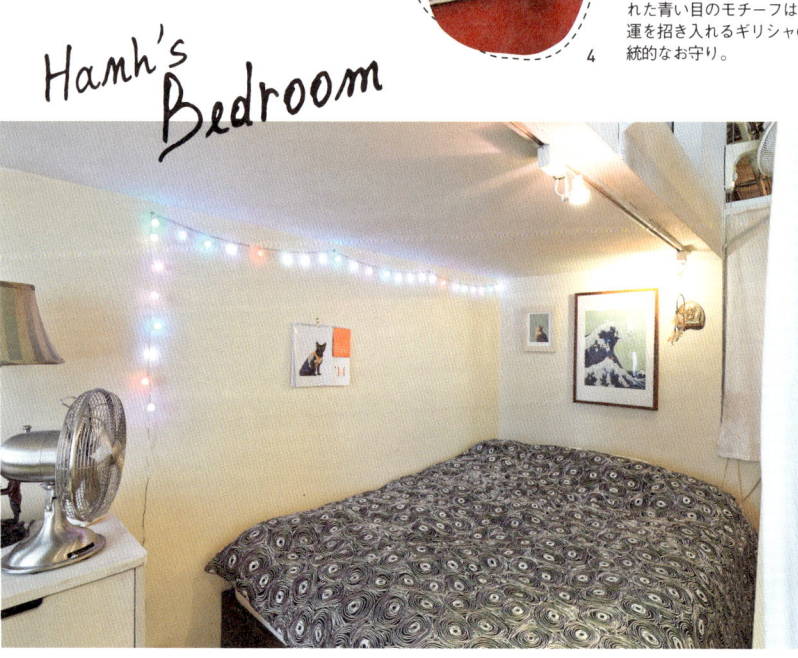

Hanh's Bedroom

カーテンで仕切ってプライバシーが守られた寝室は、ミニマムな装い。白壁には、お気に入りの浮世絵と猫の写真を飾り、徹底的に過ごしやすさにこだわったレイアウト。絵を取り囲むように付けられたカラフルなチェーンライトは眠れぬ夜のお供。パイプにはスポットライトと、悪夢を払うアメリカンインディアンのお守り、ドリームキャッチャーを吊して。

Kitchen

1 普段使いの調味料はガラスの小瓶に入れてラベルを付けて整頓。赤い鍋つかみがキュート。壁の一部をパステルグリーンに塗って、残りを白で残したのも個性的。2 大きな鍋やジューサーは棚の上に、サイズの違うフライパン類はフックでぶら下げて。

天井からチェーンで吊るした三段のメタリック調のカゴには、ふきんやエプロンを収納。入居当時から使用しているというシンクやキッチンの棚は、耐久性のある古材による手作りで、キャビンのような風合いがある。ナイフ類はシンク前のマグネットに並べてつけて収納。

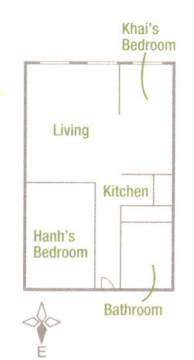

Sharing Data

Name：ハン・ファム Hanh Pham
Occupation：Eコマースのビジネスオーナー
Age：43　**Gender**：女性　**Origin**：ベトナム

Sharing with
Name：カイ Khai
Occupation：クリエイティブ・ディレクター
Age：41　**Gender**：男性　**Origin**：ベトナム

Years of sharing：1年
Size (square feet)：800

ハンさん（写真）は、幼少時にベトナムからニューヨークに移住。現在、ペット用のアパレルや小物類の販売など、いくつかのEコマース事業を運営している動物愛好家。カイさんも同時期に渡米。ウェブやロゴデザイナーなど数々の仕事を経た後、現在はビデオゲーム会社のクリエイティブ・ディレクターとして、シンガポールとニューヨークを行き来して活躍中。二人とも旅行好きで、特に東洋諸国を旅することが多いそう。

Layout 入口の右手にバスルームとキッチン、左手にハンさんの部屋があり、奥がリビング。カイさんのベッドルームの上には、ゲスト用の小さなロフトがある。ゲストがいないときは収納に利用するという使いやすいレイアウトになっている。

Point ユーズド感のある天井など、元工場という古い建物自体が持つ味わいを十二分に生かしたインテリア。選び抜いたアイテムを、自由な発想でギャラリーのようにアレンジした壁のデコレートが印象的。高天井のメリットを生かして、遊び心溢れるチェーンライトやセンスの良い個性派照明を置くなど、光の演出にもこだわっている。

Comfortable Rooms 04

大人シックなくつろぎ空間は まるで「カラーセラピー」

ハンナ・マクレア Hannah McCrea（写真左）　[弁護士｜29歳]

Sharing with **カニタ・トフィー**（写真右）

　公園まで歩いて行ける閑静な住宅街で、旧友とのシェア生活を楽しむハンナさん。部屋とインテリアのポイントは心が弾む鮮やかなカラースキーム。故郷マイアミのスピリットと、短期滞在したメキシコでの異国文化体験が色使いのインスピレーションになったそうです。ハイストレスな仕事なので、帰宅後は頭のスイッチを切り替え、明るく心地良い空間で過ごしたい、という彼女。リビングはピンク、台所は緑、寝室は青と、空間ごとに色のトーンを変えて異なるムードを作っています。「壁の色が派手で、友達からはクレイジーといわれることもあるけれど、プリティだと思うわ。私にとってはカラーセラピーにもなっているのよ」とハンナさん。

　一方、リビングのインテリアは無駄な要素を省いた大人シックなデザイン。レトロなソファにはポップなカラーのファブリックをかけ、ムードのある照明をプラス。壁にはマチスなどのお気に入りの絵を並べて、くつろげる空間に仕上げています。また、透け感のある色違いのカーテンや、窓際のグリーンコーナーなど、安らぎを感じさせる演出も印象的。夜は日本風のついたてで仕切り、ソファをベッドにして、ルームメイトのカニタさんの寝室に早変わりさせるなど、機能性も抜群です。

　最近始めたのが自宅でできるマイクログリーン。「自分で育てたハーブで健康食を作り、ルームメイトとワインを嗜むのが、最近のマイブーム」とハンナさんの笑顔がはじけます。

ソファの緑やマットの青を合わせて、壁色のピンクを主張しすぎない工夫を施している。本棚でさりげなく空間を仕切ったのも見事。写真のように日中は窓から入る自然光とピンク壁を照らすライトがきれいに交差する。

Living

1 緑のソファには、カラフルなエスニック調のファブリックを添え、壁にはお気に入りの絵やデッサンを飾っている。**2** 2段仕様の細長いラックを壁際に設置。好きな靴を一列に並べて見せて収納。棚上にはフォトスタンドをランダムにレイアウト。**3** 柔らかい間接照明がロマンチックな雰囲気を演出するヨーロピアン風のランプ。**4** 本やフォトスタンドはあえて余裕を持たせて配置。空間を広く見せる工夫の一つ。

Living & Room

1 アーチ型に切り抜いた廊下の向こうにコートハンガーをアレンジ。大きさの違うハンドバック類を交互に吊るすレイアウトに注目。2 日常使いの自転車はさりげなく床置き。3 ラジエーター上に白板を一枚置いて、その上に植物を並べてカフェ風の装いに。色違いのピンクとオレンジのカーテンを合わせて。4 夜はリビングのソファをベッドにして、カニタさんの寝室に。日本風のついたてでプライバシーを確保している。最近、NYでは、夜は共有リビングを個人の寝室に変えるシェアハウスも増えつつある。

Hannah's Bedroom

1 イヤリングはシックなアンティークの器に収納。**2** 母親から譲り受けたビンテージのジュエリーボックスは、鏡を立てて使えるなど、凝ったデザインが魅力。**3** 木の質感を生かしたチェストの上に鏡を置き、メキシコ土産のカラフルなネックレスを掛けてアクセントに。**4** ギリシャのサントリーニ島を思わせる、青と白の爽やかなカラーコーディネイト。棚、椅子、ベッドなど白木使いの家具が壁のカラーとぴったりマッチしている。さりげなく置かれた明るい小物で空間にメリハリを。

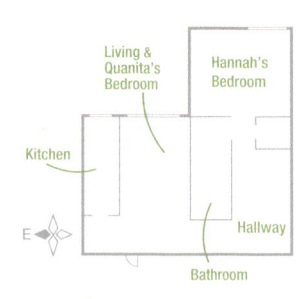

Layout
ビル2階にあるL字型アパート。入口正面左がキッチンで、右手のアーチをくぐるとリビング。ピンクの壁を隔てて右側が広々とした日当りの良いリビングで、L字の一番奥に広めの寝室（ハンナさん）がある。

Point
壁をカラフルに塗り替えて各空間に個性を出し、ナチュラルな木製家具を合わせたインテリアがポイント。本棚やついたてで空間をさりげなく仕切り、狭さを感じさせないように配慮している。廊下に置いたラック2段に靴を、上にフォトスタンドをズラリと並べたアイデアはすぐにでも真似できそう。窓際のグリーンの飾り付けや、アクセ類の収納法も参考に。

Sharing Data
Name: ハンナ・マクレア Hannah McCrea
Occupation: 弁護士　**Age**: 29
Gender: 女性　**Origin**: マイアミ（アメリカ）

Sharing with
Name: カニタ・トフィー Quanita Toffie
Occupation: 非営利団体勤務　**Age**: 29
Gender: 女性　**Origin**: 南アフリカ

Years of sharing: 2ヶ月
Size (square feet): 700

マイアミ出身で、現在公選弁護人として働くハンナさん（写真左）。日々、裁判所に通い、マイノリティーの人たちを中心に弁護にあたっている。扱い件数が多く、夜遅くまで仕事をすることもしばしば。親友のカニタさん（写真右）は非営利団体に勤務しており、マイアミとNYを頻繁に行き来している。二人は高校時代からの親友で、姉妹のように何でも相談し合うほどの仲だとか。

Kitchen

1 ダークグリーンに彩られたキッチンには清潔感が漂う。グラスや鍋を壁面に並べ、見せる収納に。窓際にはテーブルと椅子を設置。外の景色を見ながらくつろげる、居心地のよいミニカフェ空間を創っている。**2** 壁には棚を造り付けて料理本を並べ、シード類はかわいいビンテージ風の小瓶に収納。**3** 鋳鉄の階段が外に露出した、古き良き時代のNYの面影を残すアパートの外観。

Bohemian Rooms

ボヘミアンな部屋

アンティークやビンテージ家具など、時を紡いできた
古き良きものを大切にしながら暮らす
シェアハウスの人々はどことなく自由奔放で独創的。
そのスタイルはまるでボヘミアンにも似ています。
自由の中にしっかりと趣の空間を創出するアイデアは必見です。

Bohemian Rooms 01

芸術や音楽が湧き出る
自由闊達な楽園空間

エーレン・ショーディ Ehren Shorday ［アーティスト｜32歳］

Sharing with **レニ・レーン**

　映画やCMの撮影にもよく使われるエーレンさんのアパートは、間取りもインテリアも豊かな感性を生かして作り上げたオリジナルスタイル。アーティストとしての彼の生き様を映し出す、誰にも真似できないポエジーな空間が広がっています。

　椅子や植物、自転車などの配置を工夫し、約4.5mの高天井の強みを存分に生かした空間を演出。趣のあるソファとランプはリビングの中央に、あえて斜めにして置いています。「外の景色が一番美しく見れる最高のアングルなんだ」とエーレンさん。窓際には拾ってきたテーブルセットや、レトロなデザインのバスタブをアレンジ。ここで、夕暮れを眺めるひとときが究極のリラックスタイムだそうです。ロフトベッドやバスルームも全て手作りで、パイプをハンガーに、スケボーを本棚にと、意外な素材に命を吹き込むリノベーションも印象的です。「コカコーラのショーケースやランプも、街中で拾ってきたもの。こんなクールなモノを捨てるなんて信じられないよ」とエーレンさん。

　録音スタジオとしても機能するリビングは「自由を愛し、人生を謳歌する」というエーレンさんと、ルームメイトでミュージシャンのレニさんのボヘミアンなライフスタイルが反映されているよう。このアパート生活こそが、見る人、聞く人の心を動かす彼らのアートや音楽を生み出すルーツになっているのかもしれません。

Living

1 ボヘミアンなシェアスタイルの拠点となるリビング。中央に置いた個性的なランプが、フォーカスポイント。2 手作りの本棚には、骨董品のミシンや楽器などの雑貨も飾って、ハイセンスに。3 パステルブルーの色彩が目に爽やかなレニさんのギターは掛けて見せて。4 他とは違うゆったりとした時が流れているような窓際のカフェスポット。テーブルと椅子が一体化したダイナー(軽食レストラン)の家具は、粗大ゴミだったとは思えないほど状態が良く存在感がある。5 古びた味わいのあるピアノが空間に渋みを添えている。6 タバコ箱を重ねた窓際のアレンジも、彼が意図的に作ったアートの一つ。7 2台の自転車は空中に掛けて。高天井のなせるわざ。

Living

1 レトロなバスタブをソファとして活用。高さの違う観葉植物と共に窓際のコーナーに配置し、リラックススポットに。**2** 旧式のラジオをメンテナンスし、お酒を入れるサイドボードとして活用するエーレンさんはリユーズ上手？**3** キッチンの戸棚の上にサーフボード、木馬、大きな植物を並べて空間を最大活用。ミュージアムのように壊れた椅子も壁に掛けてしまうという発想が大胆。**4** 窓際のパイプに大ぶりなカラフル植物を吊るして、作りすぎていないナチュラルをプラス。格子の窓枠に絡まる緑のツルが優雅なムードを演出。

ロマンチックな映画のワンシーンに出てきそうな、スケール感のある自由奔放なインテリアには目を見張る。

Dining Kitchen

コカコーラのショーケース、レトロな家具など、ノスタルジックなアイテムでまとめたダイニング。空き瓶をセンターピースにしているのもおしゃれ。

1 金メッキのかごにカラフルな電球を重ね、天井から吊るした手作りランプ。**2** 家具や装飾品など、不必要を極限まで省いたミニマムな造りが特徴。階段やドアにはあえて木目を残してオーガニックな装いをキープ。**3** 蚤の市で買った鏡や家具は壁際に、トランクは床にさりげなく置いて。非日常の魅力にあふれる空間からは、ゆったりと時を楽しむアーティストの暮らしが垣間見える。**4** 壁にはモノクロ写真を貼り、コード用コンセントにも物語性を作るのは芸術家ならでは。

Bedroom

1 段差をつけた安定感のある木製の自作ハンガーを造り付け、趣味のスノーボードやスケボーを並べて掛けて見せている。**2** フリーマーケットで買ったオブジェやアートを手作り棚にディスプレイ。「好きなものとの生活がインスピレーションを高める」というエーレンさん。

Ehren's

1

1 ウッド&ベージュの組み合わせで、心身をチューニングできる神聖な空間。ミュージシャンのレニさんならではのセンスの良さが光る。2 窓越しからはブルックリンらしい商業用の古い建物群が、そして遥か向こうにはマンハッタンのビル群が見える。

Layout 産業用工場ビルの格子の大窓と高天井が特徴のリビング&ダイニング。リビング左手にキッチン、その横に広めのバスルーム。リビング右手には小さなスタジオ&収納空間があり、その左側に2人の部屋が並列。レニさんの部屋にはロフトベッドが造り付けられている。

Point 光や外の眺めを最優先してソファやテーブルを配置するなど気ままな発想がベースになったインテリア。所々にグリーンを添えたヒーリングコーナーを作り、タンス上や本棚の隙間にシュールな小物や楽器をさりげなく置いて空間を謳歌。大胆に壁に掛けた楽器、椅子、自転車なども個性的。ぜひお手本にしたい上級テクニック。

Reni's

2

Sharing Data

Name:エーレン・ショーディ **Ehren Shorday**
Occupation:アーティスト　Age:32
Gender:男性　Origin:フィラデルフィア(アメリカ)

Sharing with
Name:レニ・レーン **Reni Lane**
Occupation:ミュージシャン　Age:26
Gender:女性　Origin:バージニア(アメリカ)

Years of sharing:1年　Size (square feet):900

出会いはブルックリンのバーだったという二人。エーレンさん(写真)は、「価値、労働、希少性」の3つをテーマにしたコンセプチュアルなアートに取り組む芸術家で、アクリルの絵画、彫刻などを制作している。レニーさんは、ギター、ピアノ、トロンボーン、ドラムなど色々な楽器を操り、全米各地をツアーで回るミュージシャン。www.renilane.com

| Bohemian Rooms 02 |

上質なアートと暮らす 映画のワンシーンような空間

コリン・ダグラス・グレイ Colin Douglas Gray ［カメラマン｜33歳］

Sharing with **ジェーン・レズニック**

　MTVのカメラマンという仕事柄、セレブやモデルの撮影も多いコリンさんのアパートは、どこのコーナーを切り取っても、そのまま絵はがきになりそうなほどスタイリッシュ。色彩、アングル、レイアウトなどを常に考慮して最高の瞬間を捉えるプロならではの美的感覚が、インテリアにも色濃く反映されているようです。

　自作の写真や、年月をかけて収集した趣味の良い絵画、珍しいアート類などを随所に散りばめたリビングはまるで新鋭ギャラリーのよう。飾りきれずにランダムに床に立て掛けた額縁類までもが、クールに空間に溶け込んでいます。一方、官能的なワインレッドで彩られた寝室は、欧州のエスプリと伝統美を融合させたシックな装い。重厚なビンテージ家具や壮麗なアートの間に、さりげなく緑や生花を添えて甘いぬくもりを演出しています。

　頻繁に変える自慢のリビングの壁装飾はルームメイトのジェーンさんと一緒に手掛けるそう。「色々な作品を床に並べて入れ替え、美術館のオーナー気分で壁に飾ります。部屋のレイアウトを考えながら、どれを選び、どうやって飾るか、相談できる相手がいるのは最高ですね」とコリンさん。

　光と風、自然の香りに触れながら気分転換ができるミニベランダもお気に入り。「世界貿易センタービルの跡地に建ったフリーダムタワーも臨めるし、大好きなアヤメも育てられる。最高に居心地の良いスポットです」。

Living

1 背景の赤とタバコの空き箱の緑のコントラストが印象的な手作りアート。シンプルで意外性のあるデザインが見る人を引きつける。**2** 撮影で使ったという、一風変わったデザインのランプ。パインコーンや小石をまわりに添えて、見た目の楽しさを膨らませて。**3** ビーチボーイズ好きの友達が、レコードをモチーフに作ってくれたギフトアイテム。**4** 親近感のわくブラウン系でまとめた落ち着いた雰囲気のリビングの一角。壁一面のアート、アンティークのソファ、ペイズリー柄のクッションと、バランスの取れた良い大人のムードを醸し出している。**5** 重厚なテーブル上のチェスボードを照らす柔らかい光の流れがきれい。上質な家具や趣のある雑貨がシームレスに配置されており、まるで古い宮殿の一室に足を踏み入れたかのような雰囲気も併せ持つ。

Living

1 コーナーには本棚を置き、白い蘭の花やグリーンを添えて自然美を紡ぎだしている。2 父親からクリスマスにもらった木製のチェスボードは70年代のドイツ製。駒一つ一つのディテールが見事で、思い入れのあるものだそう。本棚の上段に小物、中段に本、下段にレコードなどを収納し、ラジエーターの上にはプランツを配置。壁には上質な絵画をかけて理路整然とした空間美を創出。3 今の仕事についていなかったら園芸家になっていたというほど、ガーデニングが大好きなコリンさん。テラスではアヤメや植物の栽培を愉しんでいる。4 エスニック柄の花器にドライフラワーを入れたり、ブロンズのオブジェや高尚な絵を飾ったり。優美なコーナーアレンジはお手本に。5 縦に並べた木彫りのアニマルデコがキュート。

Kitchen

1 キッチンに小粋な絵や花を飾って美しくスタイリング。キッチンツールやフライパンなども並べて壁面アートのひとつに。**2** コーナーに扉なしの棚を作り、台所用品を並べて見せてディスプレイ。キャンドルやランプも添えて視覚的な美しさをキープしながら、日常使いの調味料などは取り出しやすくするなど、機能性も重視している。**3** 窓枠にはツルのあるグリーンをからめ、窓辺や戸棚の上には小さなグリーンをリズミカルに配置。植木鉢の色に合わせてブラウン系の絵画を選び、全体の色彩バランスを調整している。

Colin's

Bedroom

1 コリンさんの繊細な感性と世界観がダイレクトに反映された快適空間。**2,4** 日当りの良いコーナーには、ハオルチアやミニアロエなどの艶やかな多肉植物を添えて、空間に安らぎをプラス。好きなものや一風変わった小物や雑貨のランダムな配置に個性を感じる。**3** 赤と白のコントラストが際立つ壁にポートレイトや絵画をディスプレイ。感性が刺激され、心が豊かになるアートに囲まれたスペースを作っている。**5** 光を浴びて幻想的に輝くガラスのプレートはプラハのギフトショップで購入。ステンドグラスのような神聖な美が光っている。

1 レコードプレーヤーは近所のビンテージ店で衝動買いしたもの。壁には、雑誌の切り抜きや友達と共作したコラージュ作品を飾って。**2** マネキンに帽子を重ねてハンガーにし、インテリアの一部に。**3** コリンさん撮影の写真をピンナップ。一番上に飾られた夕暮れのブルックリン橋の写真は特にお気に入り。デスク下には布団を収納。きれいにカバーリングしているので生活臭を感じさせない。**4** DVD類はレトロな木箱にハイセンスに収納。

Sharing Data

Name：コリン・ダグラス・グレイ **Colin Douglas Gray**
Occupation：カメラマン　**Age**：33
Gender：男性　**Origin**：バージニア（アメリカ）

Sharing with
Name：ジェーン・レズニック **Jane Resnick**
Occupation：アーティスト　**Age**：26
Gender：女性　**Origin**：ニューヨーク（アメリカ）

Years of sharing：2年　**Size (square feet)**：800

コリンさん（写真）は、MTVのカメラマンで、人物のポートレイトやファッションを中心にした撮影が多い。フリーでの活動も幅広く、コラージュやイラストなどのアートワークもこなす。セレブと仕事を共にすることも多いそう。http://www.ilovecolingray.com/
ジェーンさんは旅を愛するアーティストで、絵画やコラージュなど多彩な作品に取り組んでいる。仕事柄、海外に出ることも多い。

Layout マンハッタンにある古い様式のアパートビルの5階で、部屋同士がつながるレイルロード様式が特徴。入口の左手の廊下の先に台所、トイレ、ジェーンさんの部屋と3つの空間が続くレイアウト。リビング右手のコリンさんの部屋には小さなテラスがある。

Point コーナーごとにさりげないテーマをもたせた、物語が続くようなインテリア構成。壁に飾る絵も、額縁のデザインや絵の種類、掛け方のバランスなど、細部への気配りがうかがえる。随所にキャンドルやランプ、グリーンを散りばめて、空間に温かみを添える工夫も忘れずに。

Bohemian Rooms 03

ノスタルジックな哀愁と
アンニュイなムードが漂う部屋

渡瀬麻理 Mari Watase（写真中央）　［ ヘア・スタイリスト｜36歳 ］

Sharing with **渡瀬弘也**（写真左）、**原田剛**（写真右）

一歩足を踏み入れると、一瞬にしてタイムスリップしたような不思議な感覚に包まれる、古き良き時代のNYの面影を残すシェアハウスがここ。渋みのある年代物の家具やビンテージの雑貨、照明が端正に置かれた空間には、ノスタルジックな哀愁が漂っています。「ヒップな立地に加え、古い床板、天井の木の梁や剥き出しのパイプが気に入って移り住みました」と麻理さん。職業柄、ヘアスタジオとしても活用しており、モデルやセレブが出入りすることもあるそうです。

訪問者の大半を虜にするのが、壁一面を彩るドライフラワーのスタイリッシュな飾り付け。「撮影で残ったものや通勤途中で買ったものなど、色や質感の違う花を少しずつ添えていきました。今後、もっと増やしていく予定です」と微笑む麻理さん。

重厚な存在感のある木製テーブル、レトロなシャンデリア、柄物ソファーは、近所の骨董品店で手に入れた掘り出し物。一方、タイルや絵画類は週末のマーケットで購入。さらに、スポットライトやランプの淡い光で部屋に陰影をつけてアンニュイなムードを作ったり、植物飾りで空間に瑞々しさをプラスするなど、インテリアのアイデアも尽きません。

仕事のスケジュールがまちまちで、生活上のすれ違いは多いですが、たまに外のテラスでバーベキューを楽しむこともあるという3人。これぞNY流、最先端でおしゃれなシェアライフを満喫しているようです。

非日常の幻想的な世界が広がる優美なリビング。ウッディな家具とドライフラワーのバランス、バーガンディー色のカーテンに注目。

Living

1 コートハンガーに植物やオブジェを飾ったインテリア。2 弘也さんのお気に入りの棚には仕事関連のお気に入りの棚には、ヘアオイルなど仕事用の美容製品を並べて整頓。見せながら収納できるアンティーク家具。3 手作り棚の本の間にスピーカーを挟み、シンメトリーに配置。上に置いた白い手作りオブジェとランプが壁にしなやかに溶け込んでいる。

Living

1 存在感のある色柄のビンテージソファは骨董品店で購入したもの。フォークロアなテーブルマットとの相性も良い。2 ムラ加工でユーズド感を施したビンテージルックのランプ。淡い光を放ち、シュールな絵画を灯している。3 風化して錆びついた靴磨きセットはフリーマーケットで購入。独特の質感が格好良い。個性あるアンティークとしてインテリアの一部に。4 バスルーム上の収納空間には、細長い木箱を置きグリーンを並べて。収納物を隠す効果も。5 ウィリアムズバーグのショップで入手したシャンデリアはフォルムがきれい。中央にある鶏のデザインもキュート。

1 ドアを黒板に見立て、チョークのイラスト描きを楽しんで。**2** 不思議な色合いのキャンドルをアクセントに。**3** 映画館で60年代に使用されていた折り畳み式のアンティーク椅子は、来客時に大活躍する。**4** ヘアスタジオとしても利用されるリビングの一角には存在感のある木製ドレッサーを置き、天井にはスポットライトを設置。隠れ家的なビューティーサロンの装いに。

Tsuyoshi's Bedroom

1 羽と花を繋いだヘッドピースと額縁を合わせた手作りアート。手前にどくろを配置。2 本を重ねて棚にするアイデアは真似できそう。3「枯れた後の変化を楽しむのも好きだから」と、色や形の違うドライフラワーの束を白壁に大胆に飾って楽しんでいる。4 高い天井を利用して洋服はパイプに掛けて見せる収納に。

Bathroom

1 壁は好きな絵を描けるよう黒板調に。アンティークのチェストを配置。2 タオルとオイルはかごに入れて、粋なブティックホテル風に。

1 古びた木の階段やレンガ壁のエントランスはまるで映画のセットのよう。赤い扉につながる階段の左右に飾られた小さな植物も不思議と絵になる。2 シェアハウスはアートのトレンド発信地、ブルックリンのウィリアムズバーグにある。この地区らしい個性派グラフィティ（落書き）が印象的な外の共用テラスはパーティーにも利用される。

Sharing Data

Name: 渡瀬麻理 Mari Watase
Occupation: ヘア・スタイリスト
Age: 36 **Gender:** 女性 **Origin:** 日本

Sharing with
Name: 渡瀬弘也 Hiroya Watase
Occupation: ヘア・スタイリスト
Age: 37 **Gender:** 男性 **Origin:** 日本

Name: 原田剛 Tsuyoshi Harada
Occupation: ヘア・スタイリスト
Age: 31 **Gender:** 男性 **Origin:** 日本

Years of sharing: 4年
Size (square feet): 900

弘也さん（写真右）と麻理さん（写真中央）は、フリーのスタイリストとして、ファッション雑誌などで活躍中。近い将来、二人でブルックリンのウィリアムズバーグに新ヘアサロンを開店予定。北海道札幌市に美容室「Salon77」も経営。www.salon77.jp
原田さん（写真左）はマンハッタンのヘアサロン勤務。フリーの仕事も多い。

Outside

Layout エントランスの小さな階段を上って入った右手が高天井のリビングで、撮影やプライベート客用のヘアスタジオとしても活用している。リビングの左手が台所とバスルーム。奥に渡瀬ご夫婦の部屋と、友人の原田さんの部屋が並ぶ。

Point 木製テーブル、年代物の家具、色褪せたドライフラワーを組み合わせたインテリアが見どころ。落ち着いた色味で統一した空間に、照明や爽やかなグリーンを効果的に配置して、くつろげるボヘミアンテイストの装いに仕上げている。独創的な雑貨類のディテールにもこだわりを感じる。

Bohemian Rooms 04

ぬくもりと味わいに満ち溢れた
アンティークの館にようこそ!

マーニ・バーガー　Marni Berger（写真右）　[教師&ライター | 26歳]

Sharing with **レオ・シュオーク**（写真左）

　神秘的な雰囲気の骨董品店に足を踏み入れたような気分に浸れるのがマーニさんのアパート。「モダンなショップで購入したものはほとんどなく、大半が祖父母の屋根裏やガレージから運んだセンチメンタルなものばかり」とマーニさん。フォークロアなカーペットを基調に、色褪せたチェスト、古時計、タイプライターなど、さりげなく置かれた年代ものが当時の暮らしを想起させ、時間という深みを感じさせています。

　「限られたスペースでいかに独創的&機能的な生活空間を創れるかが課題ね」というマーニさん。このモットーを実践する彼女、高天井を活用してロフトベッドと階段を造り、ベッド下をダイニングに。ベッド脇に自転車ラックを設置したり、高めの位置からカーテンをかけて空間を広く見せるなど、随所にお手本になりそうなテクニックを配しています。

　一番のお気に入りはリビングの白壁の装飾。メタル、ウッド、キャンバスなど、質感、色、形状もまちまちの不揃いなアートを自由にディスプレイして、心地良い空間を創出。ルームメイト、レオさんとのカジュアルで自然体なライフスタイルが伝わってきます。

　シェルターから救出した二匹の大型犬もシェアハウスの大切な仲間たち。散歩を交代でしたり、留守中にペットの世話を頼めるのも共同生活のメリット。二人と犬二匹で、まるで家族のようにシェアライフを楽しむスタイルが微笑ましいです。

Living

「心地良い」という感覚を軸に、絵画や雑貨を自己流に取り入れたリビング。人の温かみが所々に感じられる。愛犬用に白いシーツをかけたソファには、愛らしいデザインのクッションを添えて。テーブルや本棚もすべてビンテージ。さりげなく置かれた小物類に個性が光っている。

Living

リビングを見下ろせる約4mの高さの2階のロフトは狭いながらも、居心地は抜群。白い棚を造り付け、大切な写真や小物を並べている。

Marmi's Bedroom

1 キャビン風のロフト下に作った小さな食卓。和紙で作った丸い照明を吊るして。2 古時計は祖母の家から持ち込んだアイテム。趣のあるインテリアとして壁に掛けて。

1 いただき物のランプは、黒いシェイドから放たれる光の粒がきれい。2 エスニック調の神秘的な絵柄とモダンなシェイプが気に入って、「アンソロポロジー」という店で購入したランプ。3 色の褪せ方が独特な風格あるチェストは祖母からの贈り物。4 レオさんのギターは、ショップのように天然の丸太にのせてディスプレイ。5 上質なアンティークソファには、優しい色合いの花柄のクッションが似合う。居心地が良く愛犬もお気に入り。

1 マーニさんが幼少時から自宅で使っていたキーホルダー掛け。**2** 自転車はベッドのラックに掛けて。**3** 4歳の愛犬ジョージちゃんはセラピー犬で、ボランティア活動もこなす。**4** 祖父宅の屋根裏で見つけたユニークな形のバーの看板はキッチンに。

Sharing Data

Name：マーニ・バーガー **Marni Berger**
Occupation：教師&ライター　　Age：26
Gender：女性　　Origin：メイン（アメリカ）

Sharing with

Name：レオ・シュオーク **Leo Schwach**
Occupation：メディア・プランナー　　Age：27
Gender：男性　　Origin：メイン（アメリカ）

Years of sharing：5年　　Size (square feet)：700

コロンビア大学でクリエイティブ&アートのライティングを専攻したマーニさん（写真左）は、家庭教師や大学での講師をしながら、オリジナルの作品執筆に従事。レオさん（写真右）はマンハッタンの広告代理店でメディアプランナーとして活躍中。二人は学生時代からの旧友。近くにあるセントラルパークで犬と散歩するのが日課だという。

Layout 入口右手がトイレとキッチンで、奥にリビング。狭い空間を有効に使うために、階段で上るロフトベッドルームを2階に設け、その下にテーブルを置いて小さな食卓として活用。

Point 壁やソファはニュートラルな色合いでまとめ、床には巨大なアンティークの絨毯を敷いて独特の雰囲気に。ビンテージなデコを中心に、和紙のランプ、ヨーロピアン風チェスト、エスニック柄ファブリックなど和洋折衷なアイテムを織り込んで個性を創出。ノーブルな部屋に女性らしい優しさに溢れたアンティークを配置したのも特徴。

INTERIOR STYLE

限られたスペースを有効活用するアイデアは「シェアハウス」に学ぶ!
シェアハウスのインテリア・スタイル

好奇心旺盛なニューヨーカーたちが、シェアハウスで「他人」と生活を共にするために編み出した独自のアイデア。本誌で紹介しているインテリアの中から、あなたの部屋にも取り入れてもらいたい多彩なテクニックを紹介します。

Common Space

vol.1 共有スペース

Reused Items

vol.2 リユーズ

Storage Ideas

vol.3 収納

Plants & Green

vol.4 植物

vol.1 Common Space
共有スペースのインテリア・メソッド
リビング、コーナー遣いの工夫

シェアメイトとの意識共有で作る、気取らず、使いやすい空間

みんなで使う共有スペースだからこそ、居心地の良さと使いやすさの両方を備えたスマートなデザインが大切になります。優れた機能性を保ちながら、空間を彩る多様なアイデア。リビング空間をダイナミック、有効に活用しながらも、自分たちの好きなものやスタイルにはとことんこだわり、オリジナリティもきちんと表現していく。シェアメイトたちと相談して生まれた、数々のリビングやコーナー遣いのインテリアメソッドに注目！

1 デッドスペースを利用して オフィス&収納を実現

階段下に手作りした本棚と机。裏側も使えるなら棚を設け、洋服や雑貨を収納してムダなく活用。

P17 ガイ

2 キッチンの戸棚はオープンに 並べて見せるインテリア

P22 ロバート
P27 ジョーダン
P27 ジョーダン
P43 リハナ

白壁に木の棚を造りつけてグラスや調味料を並べて見せる、ショップ風のアレンジ。棚のサイズやデザインで個性を発揮でき、毎日の料理も楽しくなりそう！

3 自転車は掛けて、吊るして 空間演出とスペース確保

P105 エーレン
P21 ティファニー

普段使いの自転車はカラフルなものをピックしてハング。空間に奥行きが出て彩りもプラスされます。下のスペースが活用できるという利点も。

4 お気に入りのウォールアートは ダイナミックに飾って見て楽しむ

絵や写真をランダムに飾り、壁全体にダイナミズムを演出します。愛着のあるアイテムをたくさん飾るのがニューヨーク流のようです。

P26 ジョーダン
P111 コリン
P83 ミリアン

INTERIOR STYLE

vol.2 Reused Items
ニューヨーカーはリユーズ上手

家具、床、壁を自分流にするなら「再利用」

ストリートに眠るガラクタを、自分流の家具にリニューアル!!

「部屋に必要な家具やアートは、ストリートで見つける」という発想のニューヨーカーたち。移民が多く、人口の入れ替わりが激しい街なので、引越しを頻繁にする人が多く、道端でビックリするほど素敵なアンティーク家具やオブジェと出会えることも少なくありません。何の変哲もない板やガラス、缶や中古品などをクリエイティブに活用し、自己流にリモデルしてスタイリッシュな家具や小物にする技は、NYならずとも参考になります。

1 ガラスや板1枚を使ったシンプルなテーブルがおしゃれ

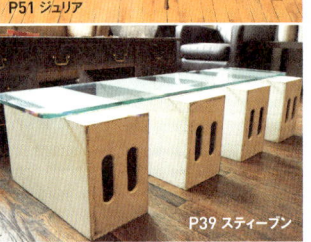

P51 ジュリア

P39 スティーブン

ブロック、ガラス、木板などシンプルなマテリアルを使い、自己流のテーブルに。質感が生きてきます。

2 いらなくなったアイテムも実用的な一品に変身

P108 エーレン

写真のように中古のスケボーを本棚にしたり、工事現場で拾ったネジをハンガーのフックに使うなど、リユーズ上級者のテクは真似できそう。空き缶を利用した収納などにも注目。

P45 リハナ　P75 芽美

3 ガラクタが普段使いのインテリアに大変身

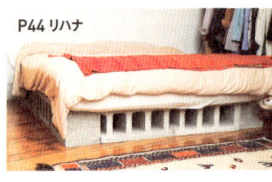

P44 リハナ

P80 ミリアン

コンクリートブロックを並べればベッドスペースに。壊れたスピーカーに取っ手を施せば、ランプに一変。手作りアイデアは無限大です。

4 古びた木箱を使ってバーや照明を手作り

P25 ジョーダン

道端で拾った木箱を天井照明にしたり、酒類を収納するバーボックスにしたり。新しい視点にたてば、機能的なインテリアになります。

P16 ガイ

vol.3 Storage Ideas
狭小空間をスマートに活用する収納アイデア

洋服、本、キッチン雑貨の整理法

美観を大切にしながら、効率的に収納する都会的アイデア

大都会に住む人にとって「部屋が狭い」のは万国共通の悩みですが、ニューヨーカーは、天井から張り出したパイプ、木の梁や壁などの空間を有効に使って悩みを克服しています。普段使いの洋服やアクセなどは、飾って見せながら収納。壁には収納用の棚を造り付けて自分流にアレンジ。本や枝など身近にあるアイテムを使って、小物をスタイリッシュに整理する技もさすがです。あなたの部屋にもNY流の収納術を取り入れてみませんか？

1 本のデザインと重ね方で本が棚を兼ねることも

P10 ムーン / P120 剛

1冊1冊に独特の趣がある本の装丁に注目。それ自体がインテリアの装飾になり、重ねて使えば豪華な本棚に変身させることも可能。

2 実用的でしかもキュートな仕分け

P49 ブラッド

手頃な価格で買える丸缶を複数揃え、素材や色別に仕分けて、調味料入れに。マグネットを付けて冷蔵庫に貼るのも面白い。

3 デイリー使いの洋服は基本的に「見せる収納」

P120 剛 / P44 リハナ

クローゼットの扉を取ったり、高い位置のパイプに吊るしたり。いわゆる見せる収納は、取り出しやすく、毎日の洋服選びも楽しくなりそう!?

4 お気に入りのアクセは掛けて、吊るして、並べる

P56 テリー / P52 ジュリア

ロフト下の木の梁や、公園や道端に落ちている太い枝にピンやひもを通せば、かわいく収納できます。

5 意外な盲点？ドア上のスペースも収納に!!

P40 大輔 / P81 ミリアン

部屋間や玄関のドア上に手作り棚をアレンジし、お気に入りの靴や料理本を並べた例。柔軟な発想に拍手！

INTERIOR STYLE

vol.4 *Plants & Green*
植物と一緒に暮らすヒーリングライフ
「なごむ空間」を演出するアイデア

コンクリートに囲まれた空間に取り入れる緑で自然を身近に

コンクリートに囲まれたアーバンライフで、恋しくなるのが自然とのふれあい。ニューヨーカーは心が癒され、感性が潤う植物を生活空間に自由奔放に取り入れています。天井から吊るす、手作り棚に一列に並べる、部屋のあちこちに散りばめるなど、アレンジのパターンも十人十色です。さらに、質感や形の違う植物をミックスしたり、花器を工夫したりとアイデアは多彩。大都会にいながらにして自然を感じるのがニューヨークの流儀です。

P25 ジョーダン
P88 アリサ
P56-57 テリー

1 大きなグリーンはそれ自体がインテリアに!!

大きな観葉植物であれば、インテリアの目玉に。スケールが大きいものなら、照明とコラボするのも楽しいです。

2 空き缶や瓶に花を入れさりげなく自然を取り入れる

P76 芽美
P59 テリー

お洒落な缶や瓶は捨てずにキープ。小さなグリーンを挿すだけで空間が生き返ります。複数並べればファッション性もアップ。

3 ツルのあるグリーンを使ってデコラティブにスタイリング

P87 アリサ
P17 ガイ

ツルがのびるごとに部屋の表情を変えるグリーンは、ツル自体が美しさを表現する装飾品となってくれます。

4 整理整頓して並べて グリーンセクションを作る

P81 ミリアン
P21 ティファニー

多種多様なグリーンは一カ所にまとめ、部屋の中でセクション化するのも面白いです。花屋のようなエレガントな雰囲気になります。

5 ラジエーターの上に載せて飾る これがニューヨーク流のアレンジ

P100 ハンナ
P21 ティファニー

ノスタルジックな風合いのラジエーターとグリーンの相性はぴったり。日当りもよく空間もセーブできるグッドなアレンジです!

6 手作りの植物を天井から吊るして空間確保

P56 テリー
P21 ティファニー
P58 テリー

土や紐でアレンジしたハンドメイドのプラントは吊るして楽しみます。天井から吊るした木の棒に、植物をかけて飾るアイデアも良いですね。

P93 リア

7 リユースインテリアを 花器にした飾り方

P57 テリー
P20 ティファニー
P9 ムーン
P17 ガイ

壊れた椅子を鉢カバーに、踏み台に植物、ビンテージなガラス器にオーガニック植物、メタリックな花器にはサボテン。花器と植物のバランスをチェック。

FLEA MARKET

インテリア、雑貨の掘り出し物はNYのマーケットに眠る!?
NYのフリーマーケットへ行こう!

さまざまな人種が集うメトロポリス、ニューヨーク。
それゆえ、週末に開かれるマーケットには掘り出し物やレアな雑貨がたくさん。
NYに出かけた際には、ぜひ買い出しに行ってみませんか?

NYだからこそ手に入る
ニューヨーカーおすすめの蚤の市

週末を中心にマンハッタンやブルックリンで開かれる蚤の市(フリーマーケット)は、ノスタルジックな骨董品や心の込もった手作りアイテム好きが集まり、どこもあふれかえるほどの人気です。再生材使用の家具からビンテージのタイプライター、手作りのコップまで、レアな掘り出し物がいっぱい。シェアハウスに住むおしゃれな人たちも足繁く通う蚤の市。時間をかけてのんびりと楽しみながら、探索してみましょう。

Fun Weekend...!

週末の「ブルックリン・フリー」は、地元のアーティストやデザイナーを中心に100以上が出店。フロアに置かれた椅子は、実際に座り心地を確認することも可能。ズラリと並んだ食器、ファブリック、雑貨などにも目移りしそう!

ニューヨーカーのおすすめ三大マーケット

マンハッタン

Hell's Kitchen Flea Market
ヘルズキッチン・フリーマーケット

ベテランのベンダーが多い、由緒ある蚤の市

雑貨や小物に加え、骨董品やレアなビンテージ品が多く、歴史も長い。39丁目と25丁目の屋外に加え、25丁目の6と7番街の間では屋内マーケットもある。

West 39th Street & Ninth Avenue
土曜、日曜：9:00-17:00
http://www.hellskitchenfleamarket.com/home/
●地下鉄AかCかEの42nd St Port Authority Bus Terminal駅から徒歩7分

ブルックリン

Brooklyn Flea
ブルックリン・フリー

トレンド敏感派が集まるマストで行きたい蚤の市

ブルックリンの3地区で毎週末開催。特注家具から手作り雑貨、ガラクタまで出品も多彩で、観光客も多い。地元ブルックリンの出店者が中心なので、新しいモノ好きやトレンドに敏感な若者に大人気。

Park Slope P.S. 321 180 Seventh Avenue (bet 1st and 2nd Streets)
土曜、日曜：10:00-17:00
www.brooklynflea.com
●地下鉄FかGの7th Ave駅から徒歩10分

ブルックリン&マンハッタン

Artists & Fleas
アーティスツ&フリーズ

ローカルで珍しいアイテムが見つかるマーケット

デザイナーやクリエイターが集結する元倉庫街、ブルックリンのウィリアムズバーグで2003年から続く蚤の市。地元人の多彩な手作り品がディスプレイ。マンハッタンのチェルシー・マーケットでも展開。

70 North 7th Street
(bet Wythe and Kent Aves)
土曜、日曜：10:00-19:00
www.artistsandfleas.com
●地下鉄LのBedford Ave駅から徒歩7分

ティファニーの皿のような貴重な骨董品から、ガラクタ類、手作りのカップやクッション、古い家具をリメイクしたものなど、色々なアイテムに出会える蚤の市は、NYのウィークエンドの風物詩。毎週チェックしている常連客も多い。

注：催される場所や時間は変動的なので、詳細は各々のHPをチェックすること。

FLEA MARKET

NYフリマを楽しむためのA to Z

NYのフリマに行って買わずに帰るなんてもったいない！
楽しみながら掘り出し物をゲットするための心得を紹介します!!

コレと決める前に、まずは全体をグルリと回る

到着したら、まずは全体を足早に回り、どのような店があり、どういったアイテムが販売されているかを大まかにチェック。また、似たアイテムを販売する店が見られる場合には、比較検討しながら一番気に入ったものを選びましょう。お目当て品は、売り手に伝えておくのも名案。

気に入ったアイテムは、実際に手にとって確認

素材感、重さ、発色など製品の魅力や状態は、見るだけではわかりづらいものです。実際に手にとって確認するのは必須。外国製の骨董品は、商品の裏や見えないところに刻まれた製造国や製造年月日などをチェックするのも大切。じっくり吟味して粗悪品を買わないようにしましょう。

わからないことは、遠慮なく売り手に質問を

気に入ったものが見つかったら、売り手に質問しましょう。会話を通じて、その商品の意外な価値やストーリーなどを発見することも少なくありません。大きなアートや家具類などは、日本に発送することが可能か、その場合にかかる発送料や手数料などを確認してから購入を。

いくつもの時代を超えて愛用された骨董品、ノスタルジックな魅力を持つグッズが集結するニューヨークの蚤の市。その場でモノ作りのプロセスを見せてくれるアーティストの姿もちらほら見かけます。友人や恋人と一緒に、あれやこれやと吟味しながら買い物を楽しむ人も。活気に満ちていながらも緩やかな時間が流れているのも印象的です。

上手に買い物するための英会話レッスン

フリーマーケットで役立つショッピングフレーズを集めました。
ニューヨーカー気分で買い物を楽しめそうです！

English Lesson

How much is this?
これはいくらですか？
〈品物の値段を聞く時〉

Can you give me a special discount?
（値段を）安くしてもらえませんか？
〈値段を交渉する時〉

When was it made?
いつ作られたものですか？〈物の年代を知りたい時〉

Which country is this item from?
これはどこの国のものですか？〈製造国を知りたい時〉

Do you have this in different colors?
これで違う色のものはありますか？
〈色違いのものを探している時〉

ニューヨークタイムズ紙から「One of the great urban experiences in NY!」と絶賛された「ブルックリンフリー」は4月〜11月後半までは屋外で、冬の期間は屋内に移動。屋内の開催場所は毎年変わるのでHPを要チェック。

その場の空気に慣れたら、値段を交渉してみよう

買いたいモノや値段にもよりますが、値引き交渉にも挑戦してみましょう。「これはいくらですか？」と質問すると、「割引をしてあげるよ」という返事が来る場合もあります。一方、手作り品など、全く割引をしないケースもあります。無理な交渉はトラブルの元にもなるので注意。

名刺やカタログ、電話番号、HPなどの情報を入手する

蚤の市の出店者は、より広範な品揃えの店舗やアトリエを地元に構えているケースも少なくありません。売り手に話しかけて連絡先を聞き、名刺やカタログ、HPなどの情報を入手しましょう。衝動買いをせずに、後日オンラインで詳細や値段をチェックした後に購入するのも手です。

品数が揃っている時間帯に出かけよう

他にはない、珍しいなど、貴重な骨董品や丹精を込めた手作り品は、誰もが狙っているものなので早い者勝ちです。そのため、午後遅くになると、品揃えが薄くなり、早々と片付けに入る出店者もいます。商品が多く出揃う早い時間に出かけて、掘り出し物をゲットしましょう。

May I have your business card?
名刺をもらえませんか？〈お店の情報を知りたい時〉

Do you have any information, such as a brochure?
カタログなど、何か商品情報がわかるものはありますか？〈詳細情報を入手したい時〉

Do you deliver to Japan?
日本へ発送できますか？
〈発送まで対応してくれるかを知りたい時〉

Do you have different sizes?
違うサイズのものはありますか？
〈サイズの違うものを入手したい時〉

What material is this made from?
これはどんな素材で作られているのですか？
〈何で作られているのかを知りたい時〉

Is this hand-made?
これは手作りですか？〈手作りか既製品かを確認したい時〉

Can you customize the product?
製品のカスタマイズはできますか？
〈カスタマイズの対応の有無を知りたい時〉

Can you tell me about this item?
この製品について教えてください。
〈製品について詳細を知りたい時〉

SHOP GUIDE

ニューヨーカーのお墨付き、つまり世界標準が手に入る!!
インテリア＆雑貨ショップガイド

世界に先駆けて、最先端のデザインやスタイルを日夜発信しているニューヨーク。トレンド高感度のニューヨーカーたちが注目する、話題のインテリア＆雑貨ショップを大公開!

感性にぴったり合うお店を探して、こだわりのアイテムをチェック!

ハイセンスなインテリア＆雑貨に出会えるショップが街中に点在しているのは、芸術のメッカ・NY ならでは。個性派デザイナーが自身のセンスで作品を陳列する小さなブティックから、グローバルに展開するスケールの大きな店舗まで、さまざまなお店が揃っています。マンハッタンはもちろん、ブルックリンのトレンディーなエリアに続出中のおしゃれなショップも要チェック。色々なお店を散策しながら、お気に入りの商品を見つけて!

マンハッタン | ミッドタウン

ABC Carpet & Home
ABC カーペット＆ホーム

街のトレンドを五感に向けて発信

フラットアイアン地区、ブロードウェイ上にあるスタイリッシュなインテリア＆雑貨店。100年以上の歴史を持つ由緒あるお店で、五感に響くエレガントなアイテムの品揃えに定評があります。極上のセンスが光るアートギャラリーのようなディスプレイも一見の価値あり。

888 Broadway, New York, NY 10003
☎212-473-3000 営月曜〜水曜と金曜〜土曜:10:00-19:00 木曜:10:00-20:00 日曜:12:00-18:00
休なし www.abchome.com
地下鉄6番の23rd St駅から徒歩5分

カーペット、家具、アクセサリー、ファブリックなど、部屋作りのイメージがわきそうなアイテムがいっぱい。ヘルシーでおしゃれなレストラン「ABC Kitchen」を併設。

`マンハッタン｜アッパーイーストサイド`

Mecox Gardens
メコックス・ガーデンズ

上質な家具と雑貨に出会える店

ロングアイランド、ハンプトン発のカントリー風のアンティーク家具と、ビンテージにインスパイアされた多様な雑貨類が魅力。日常使いの照明からリュクスなソファーまで、時代を超えて愛用できるタイムレスなアイテムに出会えます。LA、シカゴ、テキサスなどでも店舗展開中。

962 Lexington Avenue, New York, NY 10021
☎212-249-5301
営月曜～土曜：10:00-18:00　日曜：11:00-17:00
休なし　http://mecox.com/　●地下鉄6番の68th St-Hunter College駅から徒歩2分

店内にある商品のデザインはどれも個性的で、見ていると時が経つのを忘れるほど。屋外には優美なミニテラスもあり、屋外用の家具やプランツのセレクションも充実。

`マンハッタン｜ミッドタウン`

Marimekko NYC
マリメッコ

心躍るポップな商品が揃う夢空間

日本でもお馴染みの、フィンランド生まれのライフスタイル・ブランドのNYフラッグシップ店。カラフルで特徴的なデザインによるカーテン、枕、壁紙など、多彩なアイテムは、見てまわるだけでも楽しめます。

200 Fifth Ave, New York, NY 10010
☎212-843-9121
営月～水曜、金曜：10:00-19:00　木曜：10:00-20:00　土曜：10:00-18:00　日曜：11:00-18:00
休なし　http://us.marimekko.com/
●地下鉄NかRの23rd St駅から徒歩1分

歩道に点在するキオスクや屋台のように、カテゴリーをボックス化して、多彩な商品をギャラリー風にレイアウト。天井から吊るされたファブリックも絵になる。

`マンハッタン｜ダウンタウン`

Buddy Warren Inc.
バディー・ウォレン

ホリスティックな癒し系のインテリア

セラピスト＆インテリアデザイナー、バディー・ウォレン氏のデザイン工房のような広々としたお店。ホリスティックで心が癒されるデザイン＆空間作りがコンセプト。同店では、エネルギーの流れやカラーセラピーを配慮した部屋作りのコンサルティングも行っています。

171 Chrystie Street, New York, NY 10002
☎212-727-8400
営火曜～金曜：11:00-19:00　土曜：12:00-20:00
休月曜　www.buddywarren.com
●地下鉄JかZのBowery駅から徒歩2分

中世のお城の調度品風な家具、雑貨が並ぶ2階建ての店舗。その他にも再生素材で作られた家具や手の込んだアート、クールな照明などが目を引く。

SHOP GUIDE

マンハッタン｜ダウンタウン

Bo Concept
ボー・コンセプト

デンマーク発のモダンインテリア

60年以上の経験とノウハウから創造したチェルシーにあるスタイリッシュなブティック。ミッドセンチュリーの現代風家具にエッジの効いたアクセサリーや意外なカラーを組み合わせた「モダン＆コンテンポラリー」なインテリアを展示。デンマークの伝統が光るアイテムに注目。

144 West 18th Street, New York, NY 10011
☎646-336-8188
営 月曜〜金曜：10:00-19:00　土曜：12:00-19:00
日曜：12:00-18:00　休なし　www.boconcept.us
● 地下鉄1番の18th Street駅から徒歩2分

スタイリッシュなアーバンライフスタイルを切り取ったようなハイセンスのホームスタイルを陳列。キャンドルホルダーからワードローブまで幅広い品揃え。

マンハッタン｜ダウンタウン

Alessi Soho
アレッシィ ソーホー

イタリア流のおしゃれがNYで

ハンドメイド文化をルーツとするイタリアのデザイン・ファクトリー「アレッシィ」のNY旗艦店。バックライトのキャビネット、しゃれた時計や台所雑貨など品揃えは広範。世界各国500人以上のデザイナーとのコラボによる、3500点以上の革新的デザインのアイテムは見応えあり。

130 Greene Street, New York, NY 10012
☎212-941-7300
営 月曜〜土曜：11:00-19:00　日曜：12:00-18:00
休なし　http://www.alessi.com/en/
● 地下鉄NかRのPrince St駅から徒歩2分

薄いブルーと白の近未来的な内装が素敵。そもそも台所用品のサプライヤーとしてスタートしたお店だが、今ではモダンでハイセンスな商品も手掛けている。

マンハッタン｜ダウンタウン

Blu Dot
ブルドット

時代に左右されないお手頃家具

コンテンポラリーな家具を愛するミネソタ州の大学時代の3人の仲間で始めたショップ。欲しいものが高価すぎて買えないという状況からオリジナルの家具を作り始めたのがきっかけ。スタイルと機能性が共存、それでいて手頃な価格のモダンな家具が揃っています。

140 Wooster Street, New York, NY 10012
☎212-780-9058
営 月曜〜土曜：11:00-19:00　日曜：12:00-18:00
休なし　www.bludot.com
● 地下鉄NかRのPrince St駅から徒歩5分

タイムレスに使えるシンプルなデザインの家具が中心。都会のアパート空間にもしなやかに溶け込みそうなソファやテーブル探しに最適なスポット。

`マンハッタン｜ダウンタウン`

Michele Varian
ミシェル・バリアン

斬新デザインの家具や雑貨が勢揃い

壁紙、家具、オブジェ、照明、クッションなど、何百人もの地元デザイナーやアーティストとのコラボにより厳選されたアイテムは圧巻。アメリカンメイドのものが多く、そのどれもが高品質で、接客サービスも上質です。最新のデザインを発信し続けるブログも要チェック。

27 Howard Street, New York, NY 10013
☎212-343-0033　営月曜〜金曜：11:00〜19:00　土曜〜日曜：11:00〜18:00　休なし
www.michelevarian.com
●地下鉄6番のCanal St駅から徒歩1分

インダストリアルなルックの椅子や個性的なスタイルの照明が素敵。部屋を上品に彩るウォールアートやデコラティブな雑貨類も人気。

東洋のテキスタイルや伝統的なパターンにインスパイアされたチャーミングな雑貨が豊富。エコフレンドリー＆サステイナブルな手作りアイテムがあるのも特徴的。

`ブルックリン`

Mociun
モシアン

クリエイティブな雑貨の宝庫

おしゃれなブティックが軒を並べるウィリアムズバーグにある雑貨店。テキスタイルのプロであるオーナーのCaitlin Mociunによるオリジナルデザイン商品は見応えあり。異文化の要素を織り交ぜた芸術品のようなセラミックや食器類など、ユニークな雑貨が溢れています。

224 Wythe Avenue, Brooklyn NY 11249
☎718-387-3731
営月曜〜土曜：12:00〜20:00　日曜：12:00〜19:00
休なし　http://mociun.com/
●地下鉄LのBedford駅から徒歩5分

`ブルックリン`

Abode New York
アボディ ニューヨーク

ニューヨーカーに話題のスポット

ニューヨークタイムズ紙やエルジャパンでも紹介された、コンテンポラリーな家具や雑貨を揃えた話題のショップ。地元ブルックリンの新鋭デザイナーたちが手掛けた手頃な価格のアイテムが大半。ファッショナブルなニューヨーカーのニーズに応えるクールなアイテムが一堂に。

179 Grand Street, Brooklyn NY 11211
☎718-388-5383　営月曜、水曜〜土曜：12:00〜19:30　日曜：12:00〜18:00　休火曜はアポイントメントのみ　http://abode-newyork.com/
●地下鉄LのBedford駅から徒歩8分

所狭しとディスプレイされた多彩でクールなアイテムに目移り必至。価格も手頃なので、しゃれたNYのお土産探しにも最適なスポット。手作り家具や海外ブランドの扱いもある。

SHOP GUIDE

マンハッタン | ダウンタウン

John Derian Dry Goods
ジョン・デリアン・ドライグッズ

かわいい外観の中に逸品がある

ヴォーグ、エルデコ、GQなどの雑誌にも頻繁に紹介されているショップ。オーナー＆デザイナーのジョン氏オリジナルのエコフレンドリーで伝統的な家具を買えます。また、彼が世界中から掘り出した稀少なビンテージや骨董品、地元アーティストによるデコラティブ雑貨は必見。

10 East 2nd Street, New York, NY 10003
☎212-677-8408
営火曜〜日曜:12:00-19:00 休月曜
www.johnderian.com
●地下鉄Fの2nd Ave駅から徒歩5分

思わず中まで覗き込みたくなりそうなチャーミングな外観も印象的。手作りの高級家具や照明、カラフルなプレート、テーブルリネンなどは見応えあり。

ブルックリン

A&G Merch
A&G マーチ

上質のディテールにこだわった空間

2006年にオープンした小粋なブティックホテルのようなショップ。上質でスタイリッシュな家具や雑貨が揃っています。細部にまでこだわったアニマルプリントのクッションやコップはギフトにピッタリ。インダストリアル・ルックのテーブルやアンティーク風の雑貨類も豊富。

111 N. 6th Street, Brooklyn, NY 11249
☎718-388-1779
営月曜〜日曜:11:00-19:00 休なし
www.aandgmerch.com
●地下鉄LのBedford Ave駅から徒歩2分

個々のパーソナリティや美的感覚をシンボリックにアピールできる家具や雑貨の提供がモットー。2011年にサンフランシスコにも新店舗をオープンし、近年さらに勢いがアップしているショップ。

ブルックリン

Fresh Kills
フレッシュ・キルズ

70〜80年代のハイスタイル家具

広大なウェアハウスを改造して2005年にオープンした、ハイセンスの高級家具を扱うブティック。「特別な人のために、特別なモノを調達し、提供する」が同店のモットー。70〜80年代の優美なビンテージ家具が多く陳列され、トレンドに敏感な人々にも高く支持されています。

50 North 6th Street, Brooklyn, NY 11249
☎718-388-8081
営火曜〜土曜:12:00-19:00 休日曜と月曜
www.freshkillsflagship.com
●地下鉄LのBedford Ave駅から徒歩5分

オーナーのJohn Agujarが選んだハイセンスでリュクスなビンテージ家具の宝庫。頻繁にアップデートされるディスプレイを見るだけでもデザインのインスピレーションが得られる。

SHARE BASIC GUIDE

費用は？ 手続きは？ メリットは？ シェアライフを送りたい人は必見！
NYシェアハウスの暮らし方

「NYでシェアライフを送りたい！」でも、手続きや費用など、わからないことだらけ。
そこで現地の不動産屋に、ノウハウやアドバイスなど、シェアライフに役立つ情報を伺いました。

お話を聞いた人

水戸部 巧 氏
みとべ たくみ

JCSA Inc.
(Japanese Clientele Shares & Apartments) ☎050-5539-2152
現地事務所：31 West 34th street, #7077 (between 5th & 6th Aves)
New York, NY 10001
☎212-989-1234　www.jcsa.com

2003年NYへ移住。演劇学校卒業後にJCSA Inc.に入社し、現在は同社マネージャーとして活躍中。不動産業歴は9年。

Q1 一般的なシェア方法を教えてください。

A ①自分でアパートを借りてルームメイトを見つける、②借地人がシェア用に貸し出している部屋を借りる、③家主が貸し出すアパート内の一部屋を借りる、などのケースがありますが、外国人（米国から見て）の場合は②と③が中心です。③の場合は1階にオーナーが住んでいて2階の部屋を借りることもあり、家具付きの利点があることも。部屋は個室で、リビング、台所、トイレを共有するのが一般的。まれにテラスや屋上等を利用できるケースもあります。

Q2 シェアハウスという形態を選ぶ理由は？

A 家賃が年々急騰するので、レント節約が一番の理由です。また、気軽に入退去できる、一人暮らしの不安をなくすことができる、外国人との共同生活を体験できることも理由に挙げられます。少し郊外であれば一人で暮らせるほどの経済力があっても、立地の便利さ（職場や娯楽に近い等）や、共有アメニティの充実（ランドリー、テラス、ドアマン等）を利点と捉え、あえて都心部でのシェアを選ぶ人も多いようです。旅行者が気軽に利用できる短期滞在型もあります。

Bushwick in Brooklyn
芸術家が集うアートの宝庫「ブッシュウィック」が熱い！

NYの最先端、とりわけアートに関してそれを体感できるのがブルックリンのブッシュウィックという街。クリエイティブな人たちが、この街の古いロフトに移住。独自に改造して住み着くという傾向が、シェアハウスにも波及しているようです。

昔はあまり安全ではなかった同地区も今では毎年「ブッシュウィック・オープン・スタジオ」というアートイベントも開催され、アート好きが集結するほどに（詳しくはwww.artsinbushwick.org）。

SHARE BASIC GUIDE

Q3 どのような形態のシェアハウスが人気ですか?

A マンハッタンは賃貸アパート（日本のマンション）のような形態、クイーンズは一戸建てや2〜3階建てのタウンハウスが多い傾向にあります。マンハッタンはアップタウンからダウンタウンまで全域、ブルックリンはウィリアムズバーグやパークスロープ等、クイーンズはアストリアやサニーサイド等の地区が人気です。産業用ビルや倉庫を住居用に改造したおしゃれなロフトのシェアハウスもありますが、個人での検索や交渉は難しいのが現実のようです。

Q4 誰とどのように契約するのが一般的ですか?

A 日本のような運営会社との契約ではなく、アパートやタウンハウスの借地人や家主と直接契約するのが一般的です。もちろん、物件紹介や契約交渉を支援する仲介会社を使うこともできます。契約期間は1ヶ月単位が基本。双方、1ヶ月前に退去通知をすれば、退出、退去勧告をできるのが普通ですが、半年〜1年と期間を決めて契約する場合もあります。滞在期間に柔軟性があるのが利点で、シェアハウスは1年未満の短期滞在者には最適な選択肢かもしれません。

Q5 シェアハウス入居までのステップを教えてください

A 物件を探し、気に入ったアパートを訪問して、借地人か家主と会います。双方が同意した段階で、1ヶ月分の家賃およびデポジット（退去時に返金されるもので、通常1ヶ月分の家賃）を支払います。この時点で入居日（通常は月始め）を決め、家主は他の人に内覧させないことを約束します。賃貸のような複雑な審査や契約はないので、一旦決まるととんとん拍子に進むのが通常です。クレジットカードの支払履歴やIDの提示が必要な場合もまれにあります。

覚えておくと安心 不動産用語集
ニューヨークの物件情報に使われるワードを集めてみました。

Agent, Broker 不動産仲介業者	**Commission** 仲介料、不動産手数料	**Contract** 契約書	**Common Area, Common Space** コンドミニアムなどの共有エリア
Credit History クレジットカードの支払履歴	**Deposit, Lease Deposit, Security Deposit** 敷金、保証金	**Duplex** 上下2階からなるアパート（ユニット）	**Floor Plan** 間取り図
Furnished 家具付きの物件のこと	**House Rules** ルール、使用規約	**Landlord** 地主、家主	**Lease Holder** 借地人、リース契約人
Master Bedroom 主寝室	**Open House** 指定の日時に内覧のために物件を一般公開すること	**Studio** ワンルームマンション	**Sublease** サブリース（物件の一部または全体をまた貸しすること）
Tenant 家や土地を借りている人、借家人	**Town House** タウンハウス（一軒の建物を二世帯以上に分けて使用）	**Utilities** 電気、ガス、水道代など	**Walk-up** エレベーターなしのこと

Q6
NYシェアハウスの賃貸料相場を教えてください

A 「良い物件は値段が高め」が基本で、エリア、形態、シェア人数、アパートの状態により格差が出てきます。ならして一般的な相場は、マンハッタンで1ヶ月1,000～1,500ドル位。1,000ドル以下の物件が出る場合もありますが、年々減ってきています。ブルックリン中心部の人気エリアは900～1,100ドルで、より郊外のエリアは600～800ドル。クイーンズの人気エリアは700～900ドル、より郊外のエリアは600～700ドルが目安となります。

Q7
シェアハウスのメリットとデメリットとは？

A 一人暮らしよりも割安で、英語での面倒な手続きや複雑な審査プロセスがないこと。また、家具付きの物件も多いので、気軽に1ヶ月単位で生活を始められることが一番のメリットです。新しい出会いに恵まれ、生活しながら生の英語や多様な価値観を学べ、NYの情報交換ができる、防犯面も安心という点も魅力。一方、プライバシーが少なく、身だしなみや挨拶などに気を遣う、ノイズが多い、ルールが面倒などのデメリットも挙げられます。

Q8
シェアハウスで暮らす上でのアドバイスは？

A 物件決断における絶対条件は「アパートに出向き、実際に内覧して確認すること」。借地人や家主に会って話を聞き、互いの相性や部屋を見ることが大切です。ネット上での契約はトラブルになりがちなので、避けた方が賢明。「今日は見せられないので外で会おう」「住所を教えるから外観だけ見て決めてほしい」という場合は断りましょう。ルームメイトの情報(性別、生活パターンなど)やルール(ペット、喫煙、ゲスト宿泊の可否など)の確認も忘れずに!!

シェアハウスが見つかる ウェブサイト ネットを最大限に活用してシェアハウスを見つけましょう!

MixB http://nyc.mixb.net/
日本語による掲示板サイトで、NYのシェアハウスや賃貸情報を探せる。

Roommates www.roommates.com
ルームメイトのマッチングサービスで毎日約5万人がアクセス。

Info Fresh http://www.info-fresh.com/
不動産会社による物件情報が探せ、観光＆生活情報やブログも充実しているNY情報サイト。

Airbnb www.airbnb.com
1日から泊まれるシェアハウスを探せるので観光客や短期滞在者にも人気。

Add7 http://www.add7.net/
NY生活情報に加え、シェアルームやドミトリー(寮)情報を日本語で入手できる。

Easy Roommate www.easyroommate.com
15年運営しているルームメイト探しのサイトで、物件やルームメイトの選択肢も広い。

Craigslist http://newyork.craigslist.org/
物件、仕事、家具や雑貨探しなどで、一般的に使われている大人気のサイト。物件数が多く日々更新されるのが特徴。

Inside Digs www.insidedigs.com
コミュニティー重視のサイトで、個々が無料でシェアハウスやルームメイトを検索できる。

Spareroom http://www.spareroom.com/newyork
エリアを絞りシェアハウスやルームメイトを検索可能。サイト外でのルームメイトのネットワークイベントも実施している。

Pad Mapper www.padmapper.com
条件を選び、実際にマップをチェックしながら検索できるのが特徴。

Roomster https://www.roomster.com/
192カ国で借地人とルームメイトを繋いでいるサービス。ユーザーがアカウントを作り、年齢や趣味などでも検索可能。

Roomidex http://www.roomidex.com/
NYとサンフランシスコのシェアハウスをタイミングを選んで探せる。

著者
吉藤 美智子 Michiko Yoshifuji
ライター＆翻訳者

日本の広告代理店に勤務後、NYに在住。現地の出版社、PR会社勤務を経てフリーライター（レポーター）に。「都心に住む」（リクルート）、JAL機内誌「スカイワード」、「Lips」（マガジンハウス）、「CREA」（文芸春秋）などの雑誌やNYの日系媒体で、NYの最新モードやインテリアの記事を多数執筆。現地コーディネイター、翻訳家としても活動し、米国の書籍やウェブサイトの翻訳、編集も手がけている。

撮影
堀 応樹 Masaki Hori
フォトグラファー

北海道札幌市出身。「てるうちスタジオ」にて照内潔、堀弘子の両名に師事し、その後フォトグラファーとして活動。2007年に渡米し、NYでフリーカメラマンとして活動を始める。スイスで開催される時計の祭典「Baselworld」「SIHH」や、「NYファッションウィーク」のモデル撮影などを手がけているほか、日本の雑誌「LEON」（主婦と生活社）などでも活躍中。

装丁・本文デザイン	増井かおる　熊川美幸（参画社）
間取り図・マップ製作	参画社
編集	鈴木聖世美（アッシュ・ボン）
編集協力	植木美和
編集ディレクター	渡辺 塁
進行	中川 通　牧野貴志　編笠屋俊夫

ルームメイトと快適に過ごすニューヨーカーの
自由で暮らし上手なインテリア術

ニューヨーク・シェアハウスの大人の部屋

2014年10月1日　初版第1刷発行

著　者　　吉藤美智子
発行人　　廣瀬和二
発行所　　辰巳出版株式会社
　　　　　〒160-0022　東京都新宿区新宿2丁目15番14号　辰巳ビル
　　　　　TEL　03-5360-8966（編集部）
　　　　　TEL　03-5360-8064（販売部）
　　　　　振替　00140-5-71584
　　　　　URL　http://www.TG-NET.co.jp
印刷・製本　共同印刷株式会社

定価はカバーに記してあります。本書を出版物およびインターネット上で無断複製（コピー）することは、著作権法上での例外を除き、著作権、出版社の権利侵害となります。乱丁・落丁はお取り替えいたします。小売り販売部までご連絡ください。

読者のみなさまへ
本書の内容に関するお問い合せは、お手紙かメール（info@TG-NET.co.jp）にて承ります。
恐縮ですが、電話でのお問い合せはご遠慮ください。

©Yoshifuji Michiko 2014
©TATSUMI PUBLISHING CO., LTD. 2014 Printed in Japan
ISBN 978-4-7778-1369-8 C2077